KB176135

현장 근로자를 위한
4S 직장 성공기

현장 근로자를 위한

4S 직장 성공기

초판인쇄 2019년 10월 4일
초판발행 2019년 10월 4일

지은이 윤홍준
펴낸이 채종준
기획 · 편집 이강임
디자인 서혜선
마케팅 문선영

펴낸곳 한국학술정보(주)
주 소 경기도 파주시 회동길 230(문발동)
전 화 031-908-3181(대표)
팩 스 031-908-3189
홈페이지 http://ebook.kstudy.com
E-mail 출판사업부 publish@kstudy.com
등 록 제일산-115호(2000. 6. 19)

ISBN 978-89-268-9660-0 13320

이 책은 한국학술정보(주)와 저작자의 지적 재산으로서 무단 전재와 복제를 금합니다.
책에 대한 더 나은 생각, 끊임없는 고민, 독자를 생각하는 마음으로 보다 좋은 책을 만들어갑니다.

윤홍준 지음

현 장 근 로 자 를 위 한

4S 직장 성공기

이담
Books

이제 다시 시작이다

㈜딥오토메이션 10층 물류영업본부장실.

최인걸 상무는 창밖의 경부고속도로를 바라보고 있었다. 확 트인 판교를 배경으로 멀리 우주정거장 같은 잡월드와 함께 파크뷰가 병 풍처럼 둘러쳐진 가운데, 차들은 서로 경주하듯 활기차게 움직이고 있었다. 긴장감 탓일까, 그는 문득 15년 전 끊었던 담배 한 모금이 그리웠다. 아내에게 전화를 했다. 내가 오늘 좀 늦어요. 응, 그래요. 티슈로 안경과 구두의 먼지를 닦아내고 자리에서 일어섰다.

오늘이 주총이었지. 그는 중얼거리며 주총 장소로 향했다.

한 시간 후에 그의 사무실은 축하 난, 축하 나무, 축하 인사가 어우러져 문전성시를 이루었다.

그는 주주총회에서 등기임원으로 결의되었다.

지방대학 출신 공돌이.

반월공단의 소형로봇을 만드는 공장에서 때 묻은 목장갑 끼고 시작한 직장 생활이 어느덧 25년이 되었다.

그가 가진 것이라고는 근면과 성실밖에 없었고 직장에서 어떻게 해서든 살아남아야 하는 것이 그의 소망이었다. 평범했던 그가 순환보직이라는 생존트레이닝을 받게 되면서, 점차 주목받는 핵심 인재로 성장하게 된다. 그는 생산을 하면서 일의 기본기와 시스템을 배웠고, 기획실에서는 디테일한 전략기획력과 최적화를 수행했으며, 인사팀장으로서 인적 자원의 중요성과 HR 영역의 안목을 넓혔다. 그는 문득 안전지대인 관리직을 떠나 세상 밖의 모습을 보고 싶었다. 근질거리는 영업 본능이 그의 내면에서 일어났다.

막상 영업 세계에 뛰어든 최인걸은 혹독한 시장 환경을 온몸으로 체험하며 살아남기 위해 안간힘을 썼다. 대기업과의 주요 인맥 없이 좌절, 고통, 구조조정을 견디어낸 그는 500억의 수주를 거머쥐면서부터 영업의 리더로 성장했다. 현재는 영업총괄본부장을 맡으며 사업을 진두지휘하고 프리미엄 성과급제를 도입하는 등 혁신을 통해 200% 매출 신장과 함께 3년 치 수주를 확정하였다. 이제는 전사의 수익 확보를 위해 전략구매시스템, 미래성과창출위원회, 창조기술센터 등을 리드하며 점차 전문경영인으로서 업계에 명성을 쌓아갔다. 경쟁사의 표적이 됨은 말할 것도 없었다. 회사는 파격적 연봉과 직책 수여만으로는 부족하다고 판단했고 금번 주총에서 의사봉 3타와 함께 그를 등기임원으로 위촉시키게 되었다.

　똑똑. 최 비서가 들어왔다. 회장님이 찾으십니다.

15층. 인자한 회장과 함께 박탁상 사장은 그를 웃으며 맞이했다. 회장이 최인걸의 어깨에 손을 얹었다.

"최인걸 상무. 이제는 최인걸 부사장이야. 앞으로 더욱더 잘해봅시다. 오늘부로 부사장이자 C○○(최고운영책임자)로서 딥오토메이션을 위해서 더 많은 임무를 수행하고 뛰어난 성과를 내어주게."

회장과 사장의 연이은 축하와 함께, 직장 생활의 뿌듯함과 책임감이 그의 어깨를 감쌌다.

사랑스러운 나의 직장 생활. 이제, 다시 시작이다.

Contents

생산, Survival

제2장

기획, Simple

인사, Sacrifice

제4장

영업, Smart

제1장

생산, Survival

취준생

일어나라. 쓰러진 것은 홀로서기 위함이다

나는 당신이 쓰러진 것에 관심이 없다. 나는 오로지 당신이 일어서는 것에만 관심이 있을 뿐이다. 링컨의 말이다. 패배는 일상이다, 중요한 것은 극복이다. 그 과정에서 내가 얻은 노하우와 철학이 중요한 것이다.

1994년. 최인걸은 취준생이었다. 지방대를 간신히 졸업하고, 1년간 집에 있었다. 예나 지금이나 취업이 어렵기는 매한가지이다. 상식, 영어를 보강하여, 그해 겨울 대기업 다섯 군데에 원서를 제출했다. 네 군데에서 면접 보러 오란다. 그런데 날짜가 모두 같았다. 대기업들이 동일한 면접 일자로 이중합격을 방지했다. 최인걸은 A 기업을 선택하였지만 보기 좋게 떨어졌다. 강남 테헤란로에서 내리는 눈을 맞으며 그는 절망했다.

그로부터 한 달이 지났다. 강원도 속초의 바닷가 앞 최인걸의 집.

하얗게 부서지는 파도를 보며 고심했다. 100통이 넘는 이력서와 자기소개서를 보냈건만, 왜 면접 보라는 전화가 없는 걸까? 눈에 띄는 파란색 잉크와 펜글씨로 반듯하게 작성을 했다. 인사 담당자가 휴지통에 넣기 전에 한 번이라도 눈길을 받기 위해서이다. 그런데 중요한 건 면접의 기회가 없다. 세상에 있는 수많은 기업은 도대체 왜 나를 선택하지 않는 것일까? 최인걸의 아버지는 그런 아들의 심정을 잘 알고 있었다. **"인걸아, 자소서를 가져와 보렴, 아버지가 한번 검토해주마."** 아버지는 오랜 공직 생활을 했던 경험을 토대로 자기소개서를 수정해주었다. 그러고는 최인걸의 아버지는 100만 원을 주며 최인걸을 집에서 내쫓았다. **"서울로 올라가라"** 최인걸은 서울로 향했다. 1995년, 27세의 취준생. 무작정 친구의 자취방을 찾아가서 매일 벼룩시장 신문의 구인란만 바라봤다. 구인 광고마다 이력서를 제출했는데 확실히 아버지가 수정해준 자소서는 효과가 있었다. 몇 개의 중견기업과 ㈜딥오토메이션이라는 회사에서 면접 통보가 날아왔다. **"딥오토메이션?"** 로봇을 만드는 중소기업이었다. 최인걸은 문득 로보트 태권브이가 떠올랐다.

며칠 후 딥오토메이션의 면접 대기실. 면접 열기가 후끈했다. 눈을 감고 중얼거리는 사람과 마치 경기를 앞둔 상대방처럼 최인걸을 쏘아보는 면접 대기자도 있었다. 도대체 왜 이렇게 경쟁자가 많은 거야? 호명된 그는 면접장으로 향했다. 면접관 세 명이 모두 머리가 흰색이었다. 함께 들어간 경쟁자의 대답은 거침이 없고 유창했다. 이윽고 최인걸을 향해 면접관들의 질문이 시작되었다. 식전 고양이처럼 날카롭게 노려보고 있었다. 그중 제일 좌측에 있는 분이 전공 질의를 시작했다. **"최인걸 씨, 산업공학 나오셨지요? 지금부터 전공 질의 하겠습니다. TQC**(Total Quality Control: 총체적 품질관리)**가 무엇인지 설명하고, 우리 회사에 입사한다면 TQC 활동을 어떻게 전개할 것인지 말씀해주시기 바랍니다."** 어찌 된 영문일까? 학과 교수님인 줄 알았다. 말문이 막혔다. 3학년 2학기 전공 최고 난이도인 TQC에 대하여 마치 장침으로 급소를 찌르듯 깊숙하게 물어봤다. PERT CPM, 6SIGMA 등 전공 질의가 이어졌다. 진땀이 흘렀다. 그는 답변을 하다가 모르는 것은 솔직히 모르겠다고 했다. 인간이 어떻게 다 알겠는가? 한참을 물어보더니, 더는 질문이 없었다. 이제 제일 우측의 면접관이 질문을 시작했다. **"Mr. Choi, explain about Autocad in English**(미스터 최, Autocad에 대해 영어로 설명하세요)**."** 최인걸은 AutoCad에 대하여, 영어로 설명했다. 유창하지 않지만, 자신 있게 대답했다. 왜? 연습도 많이 했지만, 미련을 내려놨으니까. 취업 낙방을 매일 밥 먹듯 하다 보면 포기하며 자기 자신을 내려놓게 된다. 일종의 낙방 철학이라고 할까? 마치, 영화 〈쇼생크탈출〉에서 모건 프리먼이 **"당신은 교화되**

었다고 생각하냐?"라고 질문하는 가석방 위원들 앞에서 담담하게 "No"라고 답했던 것처럼. 진땀 나는 면접이 끝나고, 로비를 나왔다. 아, 이 회사에 무조건 가고 싶다. 대기업은 아니지만 면접관도 젠틀하고, 질문도 짜임새가 있어서 믿음이 갔다. 최인걸은 무엇보다도 회사 규모가 그에게 적합하다고 생각했다.

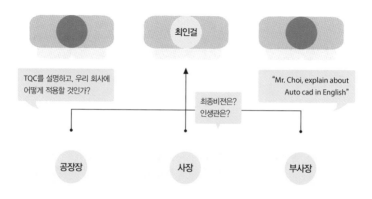

일주일 후, 합격통지가 왔다. 최인걸이 지방 공대를 졸업한 지 1년 4개월 만에 취업에 성공한 것이었다.

20일 후, 그는 그렇게 첫 직장에 입성하여 신입사원 교육을 마치고 공장으로 출근했다. 공장의 로비에는 1988년에 최초로 제작했던 로봇Arm이 유리 상자에 박제되어 있었다. 아톰이 그려진 남자 화장실의 패찰을 보고 최인걸은 웃음이 나왔다. 로봇 공장이라 상징물이 온통 로봇이구나. 공장에 입사한 신입사원들이 단체로 공장장께 인사드리러 갔다. 공장장이 누구인가? 말 그대로 공장의 왕으로서 절대 권력을 가진 자이다. 긴장감을 가지고 공장장을 대면했다. 공장장이 들어오자, 그는 먹던 커피를 쏟을 뻔했다. 면접 때 날카롭게 전공 질의했던 면접관이 바로 공장장이었다. 최인걸은 고단한 공장생활을 직감했다.

공장장이 신입사원들을 주~욱 한번 훑어보더니, 갑자기 최인걸에게 질문을 했다. "자네 최인걸 씨, 자네는 이제 최 기사야. 최 기사, 자네가 어떻게 신성에 들어왔는지 아는가?" 최인걸은 머쓱해 하며 답했다. "아, 네. 네? 미흡함에도 채용해주셔서 들어왔습니다. 감사합니다." 공장장이 웃으며 말했다. "허허, 자네는 면접보다는 자기소개서를 잘 써서 들어왔어. 생산관리 1명 뽑으려고, 50명의 이력서를 봤는데, 자네는 자소서가 진짜 진실되더군. 특히 '미래를 준비하는 자의 포부'라는 제목 말이야." 최인걸은 얼굴이 화끈거렸다. 너무 오글거리고 식상하다며 아버지에게 투정 부렸던 문구였다. 그 문구로 내가 회사를 들어오다니?

최인걸의 아버지는 그가 쓰러진 것을 안타까워하지 않았다. 오로

지 그가 일어서는 것에만 관심이 있었다. 최인걸은 상대방의 가슴에 꽂히는 글을 써야 한다는 점에서, 아버지가 회사의 결정자들이 좋아할 글로 수정했음을 깨달았다. 그래서 아버지가 제목을 눈에 띄게 바꾸고, 내용은 보수적이면서도 남들과 차별화된 문장으로 고쳐준 것이었구나. 자소서는 사회에 나가기도 전에, 지쳐가는 아들을 위한 아버지의 지식 선물이었다. 최인걸이 25년간 직장 생활을 하게 된 기틀이 된 것이다. 최인걸은 그렇게 간신히 취준생에서 직장인이 되었다.

02

산수문답
(算數問答)

숫자는 언어다. 숫자는 인과(因果)가 명확한 언어이다

기업의 숫자는 의미가 있는 언어이다. 성과에는 필연의 이유가 있고 그 결과가 정량화된 숫자로 도출되는 것이다. 최인걸이 직장에 입사 후 한 달쯤 지났을 때였다. 그는 군대의 신참처럼 주먹 쥐고 의자에 앉아 있지만 없는 것과 같은 부존재자이자 투명 인간이었다. 공장 1층은 생산 현장, 2층은 사무실이었는데, 공장의 캡틴 공장장은 2층 창문으로 가끔 공장 마당을 지켜보았다. 공장 마당에서 작업자가 작업하는 것을 보거나, 제품이 출하되는 것을 확인하곤 했다. 뜻밖에도 공장장이 투명 인간인 최인걸을 찾았다. 사실 일 년에 한 번 말을 걸기도 어려운 분이었다. **"최 기사, 저쪽 공장 마당 구석에 원형 댐퍼(Round Damper: 로봇의 외관에 설치되며, 공압량을 조절하는 원형의 댐퍼)가 쌓여 있지? 가서 몇 개인지 세봐라."** 최인걸은 즉시 대답과 함께 아래층으로 향했다. 얼마나 좋은가? 아무도 거들떠보지 않는데 공장장께서 직접 오더를 주다니, 신이 났다. 말씀대로 마당 구석 천막 아래 원형 댐퍼가 쌓여 있었다. 원형 댐퍼는 천막으로 덮인 채 전날에 내린 비로 흥건히 젖어 있었다. 천막을 들추자 고였던 물이 와르르 바지에 쏟아졌다. 순간 그는 신경질이 났다. '앗, 차가워. 에이, 공장장님도 왜 이런 걸 나에게 시키실까? 자재과 직원 시키지. 아~ 참!'하고 생각했다. 천막을 들추자, 원형 댐퍼가 쌓여 있었다. 원형 댐퍼는 파렛 위에 가로 5개 세로 5개였고 3단으로 적재되어 있었다. '음, 그러니까 5x5x3 = 75개구먼.' 하며 천막을 내렸다.

그러고는 바지를 털었다. 물이 찝찝하게도 안전화 안으로 들어갔다. 75개. 75개를 되새기며, 마당을 지나 사무실로 올라갔다. 그런데 그 순간, 입사 전 아버지의 충고가 떠올랐다. **"직장 생활은 정확하게 해라. 네가 끝까지 눈으로 확인한 것만 보고해라."**라는 말씀. 혹시나 하여, 다시 천막으로 돌아갔다. 천막을 들췄다. 댐퍼는 여전히 75개였다. 천막을 완전히 끝까지 들어 올렸다. 그리고 뒤편으로 돌아가 보았다. 그러자, 뒤에 두 번째 단의 안 보이는 곳에 원형 댐퍼 3개가 빠져 있었다. 어? 이제는 못 미더워서 원형 댐퍼를 맨 상단에서 하나씩 들춰냈다. 1~2단 사이에서 합판이 나왔다. 합판을 들추자 놀랍게도 댐퍼를 지그재그로 쌓아놔서 명확한 5x5 배열이 아니었다. 즉,

단순 곱셈으로는 나올 수 없는 수량이었다. 누락된 댐퍼가 2단에 3개, 1단에 2개가 없어서 총 70개가 전부였다. 원형 댐퍼의 무게는 약 7kg였으니까 2단까지 들어냈을 때, 그는 땀을 뻘뻘 흘리고 있었다. 70개를 확인하고는 사무실로 뛰어갔다. '시간이 너무 지체되었네.' 하며 올라가니까, 공장장이 안 계셨다. 공장장이 서 있던 자리에 자재과장이 웃고 있었다. "야 최 기사, 댐퍼 다 샜나? 공장장님이 자네에게 보고받으라고 하신다. 왜 이렇게 느려? 직장 생활은 스피드야, 스피드."라고 했고, 최인걸은 70개라고 보고했다. 자재과장은 75개가 아니냐고 캐물었고, 최인걸은 자신 있게 70개라고 대답을 했다. 자재과장은 "그래? 조립반에서 5개를 다른 프로젝트에 투입했나? 자넨 괜찮군, 괜찮아." 혼잣말로 중얼거리며 창고로 갔다.

최인걸의 직장 생활에서, 숫자의 중요성을 각인시킨 것은 그때가 처음이었다. 의미 없는 숫자는 회사에서는 다루지 않는다. 3개월쯤 지난 뒤에 자재과장은 술자리에서 숫자 세기에 대하여 말했다. '산수문답(算數問答)'은 공장에 갓 입사한 신입사원들에게 의무적으로 시켜보는 것이라고 했다. 수량을 확실히 안 세어보고, 대충 확인하거나 허위 보고하는 친구는 호되게 혼을 낸다고 했다. 그는 다행히 통과한 것이다. 자신이 본 것 이외에는 추측하면 안 된다. 모두 회사의 이익과 직결되기 때문이다. 보고도 마찬가지이다. 허위 보고는 상위자 또한 허위로 보고하게 만들기 때문에 폐해가 크다. 숫자 세기는 신입사원에게 훗날 실수를 줄이기 위한, '수셈철학'을 가르치는 공장장 오더였다. 일찌감치 일본 경영의 신이라 불리는 '이나모리 가즈오'는 말했다. "숫자는 언어다. 그 속에 의미가 있다. 의미 없는 숫자는 세상에 없다. '대략~'이라는 말과, '~정도'라는 말은 사용하지 말아라. 숫자에 대략과 정도는 없다." 매일 수치를 접하는 우리에게 '산수(算數) 의 경종'을 울린다.

소주 룰렛

이기기 위해서는 한 번 이상 전쟁을 치러야 할 때도 있다

1982년 아르헨티나가 영국령 포클랜드제도를 무단으로 점령하자, 철의 여인 英 마거릿 대처가 폭격을 가하면서 한 말이다. 직장도 전쟁터이기에 전략적 승리를 위한 명령과 실행이 존재한다. 직장인은 회사의 이익을 위해, 조직 내외의 고객들과 매일 전쟁을 치르고 있는 것이다.

반월공단의 하늘은 회색빛을 띠고 인근 염색 공장과 제지 공장의 매캐한 악취 속에 하루가 시작되었다. 공장은 생각보다 분위기가 험했다. 7개의 반과 반장들, 75명의 반원들, 그들 중 90%는 최인걸보다 나이가 많았다. 7명의 반장은 대학을 갓 졸업하고 온 촌구석의 신출내기 관리자를 무척 싫어했다. 도면 하나 제대로 보지 못하

는 27세의 애송이에게 호락호락하게 관리를 당할 이는 없다. 그러나 최인걸의 입장에서는 그들을 관리해야만 했다. 그걸 못 하면 가치가 없고, 가치가 없으면 퇴사해야 하는 냉정한 세상이 직장 생활이었다. 그도 3개월간 생산 현장에서 숨 쉬고, 배우고, 잔업하고, 때로는 모욕당하면서도 버텼고, 어느덧 생산반 전체 회식 날이 되었다. 아, 드디어 기다리던 회식! 그의 인생에서 첫 회식이었다.

반장들은 최인걸을 길들이기 위해 무척 고심했다. 이윽고 회식이 시작되자마자, 반원들이 들이닥치고 1:1 술잔이 오갔다. 소주 34잔. 최인걸은 안주를 먹을 새가 없었다. 가득 부어주는 소주를 생산반원들과 함께 주고받았다. 그는 34잔까지 세었다. 그 이후는 세는 것이 의미 없었다. '잔을 세어 무엇 하나? 저들의 목적은 소대장 길들이기인데.' 저쪽 구석에서 반장들이 모여 한잔하면서, 정신없는 그를 보고 피식 웃고 있었다. '야, 넌 이제 끝났어.' 하는 표정들! 최인걸의 주량은 3병 정도였으나 밀려드는 75명이 주는 잔을 다 받아먹었다. 오픈 된 공간에서의 75:1 소주룰렛! 소주를 버릴 곳도, 토할 곳도 없고, 안주를 먹을 시간도 없었다. 최인걸은 이를 악물고 버텼다. 회식이 드디어 끝났다. 새벽 1시. 반장들에게 인사를 하고, 곧바로 택시를 타고 회사로 왔다. 회사의 탈의실에서 완전히 곯아떨어졌다. 새벽에 샤워를 했다. 술은 절대 깨지 않았지만, 27세의 젊음과 정신력이 숙취를 커버했다.

04 酒神(주신)
물 대신 술을 마신다

03 酒聖(주성)
앉은 자리에서 소주 7병

02 酒君(주군)
해장술이 전날 주량과 동일

01 酒客(주객)
소맥폭탄 냉면그릇 원샷

소
주
룰
렛
Original
75잔

　다음 날 아침. 최인걸은 여느 때와 같이, 제일 먼저 현장을 돌아다니며 정리를 했다. 그를 우습게 여기던 반장 7명 중 4명이 지각을 했다. 기율을 중시하는 공장에서 있을 수 없는 일로서 그는 반장을 훈계했다. 그날 이후로 게임이 끝났다. 생산 현장의 주인이 바뀐 것이다. 그는 소주로 현장을 평정한 셈이었다. 그는 진급할 때마다 반장들을 찾아와 회식을 함께 했다. 그때마다 당시의 소주룰렛 얘기가 화두가 되곤 했다.

　내 자존심을 지키는 방법, 그중의 하나는 상대방과 전쟁을 치르는 것이다. 비즈니스에서도 고객이라고 해서, 항상 주눅이 들 이유가 없다. 나도 회사의 대표이기에, 공손하지만 당당하게 대화해야 한다. 협상이 안 될 때는 고객과 치고받아야 하고, 간혹 불합리한 테이블에서는 잠시 휴회도 필요하다. 밀당은 비즈니스의 종점이 아니라 시발점이고, 내 수익 확률을 높인다. 전쟁을 시작하는 쪽에서는 승산을 염두에 두어야 한다. 그러기 때문에 사전 전략이 필요하다. 전략이 없이 열정만 있으면 타 죽고 사라지게 된다.

느린 말의 최후

(신입사원 리포트 上)

마차에서 6마리 말의 평균속도는 '제일 느린 말'이다

비즈니스는 속도가 관건이다. 큰 고기가 작은 고기를 잡아먹는 것이 아니라, 느린 고기가 빠른 고기에게 먹히는 것이다. 공장의 라인 생산성에 있어서, 속도는 마차에 비유되기도 한다. 마차의 속도를 높이려면 가장 느린 말을 바꾸든가 채찍질해야 한다.

최인걸은 어느덧 입사한 지 3개월이 되었다. 공장에는 신입사원에 대한 엄격한 룰이 있었는데, 6개월 내에 현업 리포트를 하나 이상 내야 하는 것이었다. 최인걸도 리포트의 압박을 많이 받고 있었다. 그의 직속 고참은 신해답 주임으로 리포트 제출에 대한 멘토 역할을 했다. 신 주임은 **"야, 최 기사! 자네 리포트 주제는 정했당가?"** 라며 채근했고, 최인걸은 주제를 선정하겠다고 하면서 슬슬 피해 다

넜다. 리포트로 고민이 가득한 그에게, 신 주임이 말없이 다가와서 리포트 완성본을 하나 주었다. 조립 라인의 라인밸런싱(Line Balancing)에 관한 리포트였다. 최인걸은 뛸 듯이 기뻤다. 족보를 주시다니, 그저 감사할 따름이었다. 직장의 리포트는 학문적 개념만으로 해결되지 않는다. 그 속에는 반드시 현장의 땀 냄새가 배어 있어야 한다. 이론을 바탕으로 나온 시나리오가 실제로 어떻게 현장에 적용됐는지가 중요했다. 신 주임의 리포트는 현장 위주로 잘 정리되어 있었고 로봇Leg가 주제였으므로, 최인걸은 로봇Arm에 대하여 작성하기로 마음먹었다.

최인걸은 리포트 작업에 착수했다. 워드로 우선 각을 잡아놓고, 대학교에서 배웠던 표준시간, 정미시간, 레이팅계수를 이용한 라인밸런싱 개념을 서두에 정리하였다. 서론을 정리하고 나자 한 절반은 작성한 듯했다. '이제 본론을 작성하자. 현업을 가미하면 되는 거야. 조립반에 내려갈 차례이다. 조립하는 인원들의 조립 시간만 측정해야지.' 그런데 막상 조립반에 내려가니까, 조립반장이 시계를 들고 있는 그를 빤히 쳐다보았다. 바쁜 일정을 소화해야 하는 반장 입장인지라 날카롭게 응대했다. 최인걸은 호기롭게 내려간 현장 앞에서 금세 주눅이 들었다.

조립반장은 "어이 최 기사, 여기서 모하노?"라고 큰 소리로 불렀다. 그는 리포트를 쓰기 위해 조립 시간을 측정한다고 했더니, 손사래를 치며 바쁘니까 이상한 소리 하지 말고 올라가라고 했다. **"최 기사, 여그가 학교도 아니고, 당신 리포트 쓰는 곳도 아니야, 정신없으니까네 올라가라."** 최인걸은 미칠 노릇이었다. 리포트 제출 기한은 도래하는데, 반장이 리포트를 못 쓰게 한다고 상부에 보고할 수도 없는 일이었다. 그것은 마치 **"동생이 내 말을 안 들어."**라는 무능 보고를 차마 할 수 없는 형의 심정이었다. 반장을 설득할 수밖에 없었다. 그는 온종일 조립반장을 따라다녔다. 답답하다는 표정으로 바라보는 반장에게 최인걸은 재차 부탁했다. **"반장님, 글쎄 반나절만 옆에서 측정하게 해주십시오. 금방이면 됩니다. 작업에 방해되지 않도록 할게요."** 그는 간신히 조립반장의 OK를 받아 스톱워치로 시간측정(Time Study)을 시작했다.

느린 말이 어디에 있을까?

공정	1 공정	2 공정	3 공정	4 공정	5 공정	6 공정
공정명	기초조립	조립 1	조립 2	진동보정	컨트롤	포장
조립 시간	23 초	25 초	24 초	37 초	27 초	26 초
개선 대상 Bottle Neck				1st	2nd	3rd

총 6개의 공정, 13명의 작업자는 양쪽에서 작업을 실시하고 있었다. 조심스럽게 스톱워치로 한 사람씩 초를 쟀다. 한 공정당 두 사람이 서로 마주 보며 작업을 하고 있었다. 두 사람의 평균시간을 측정했다. "첫 번째 공정은 갑은 24초, 을은 22초, 비슷하군. 두 번째는 평균이 25초, 세 번째는 24초, 네 번째 전동보정 공정이 37초, 다섯 번째 컨트롤러 공정 27초, 마지막 포장 공정이 26초. 으흠, 가만있어 보자. 어? 네 번째 공정 37초, 왜 이렇게 시간이 많이 소요되지?" 그는 네 번째 공정을 자세히 들여다보았다. 로봇Arm의 관절 각도의 불량을 측정하는 공정이었다. 평상시에는 24초면 마무리되었는데, 만일 이상이 발생하면 각도 밸런스를 조절해야 하기에 37초가 걸렸다. "아, 이 공정이 책에서만 보던, 병목 공정(Bottle Neck)이구나!" 제조 라인이라는 마차에서 가장 느린 말을 찾아낸 것이다. 이 느린 말이 전체적으로 생산량을 저하시키면서, 빠른 말들의 유휴시간을 만들어내고 있었다. 최인걸은 이 공정을 개선하고자 노력하며 동분서주 리포트를 작성했다.

05

결재 향기

(신입사원 리포트 下)

내가 지식을 얻고자 하는 열정만큼, 데이터를 얻을 수 있다

요즘에는 IT의 발달로 무궁무진한 정보를 얻을 수 있다. 이러한 빅데이터와 딥러닝이 의사 결정에 기준이 되는 4차 산업혁명의 시대이다. 그러나 이런 시대에서도 본인이 열정이 있지 않으면, 데이터가 저절로 나에게 걸어오지 않는다. 해답을 찾는 경우에는 찾아낸 데이터를 가공하거나 분석해야 하는데, 이때 필요한 것은 기술이 아니라, 본인이 해결하려는 의지, 노력, 욕심인 것이다. 내 목숨을 걸 정도로 생각하면 무슨 답이든 해결책이 튀어나온다. 때로는 마감이 생산성을 향상시키고, 급박함이 최적화를 유도한다.

최인걸도 입사한 지 3개월째. 신입사원 리포트를 6개월 이내에 제출해야만 했다. 그는 리포트를 쓰기에 여념이 없었다. 이것으로 회

사를 계속 다닐 수도 있고, 아니면 수습기간 후에 그만둘 수도 있었다. 신 주임이 계속 쪼았다. 질타가 두려워 자취방에서 리포트를 밤새워 작성하기도 하였다. 현장의 조립반장에게 어렵게 부탁하여 온종일 조립 라인의 6개 공정의 평균시간을 쟀다. 1공정 23초, 2공정 25초, 3공정 24초, 4공정 37초, 5공정 27초, 6공정 26초로 나타났다. 그중 네 번째 진동보정공정이 병목공정이라는 것도 알아냈다. 가장 느린 말을 알아낸 것이다. 리포트의 키포인트인 라인밸런싱은 6개의 공정에서의 소요시간을 최적화하는 것을 의미한다. '개선 방법이 없을까? 어떻게 하면 전체의 평균시간을 25초대로 줄일 수 있을까?' 하며 그는 고민했다. 리포트에 대한 중압감으로 고민을 너무 많이 하였다. 다 퇴근하고도 라인에 와서 어슬렁거렸다. 방법이 없을까? 방법이. 그러나 신입사원이 무슨 수를 내겠는가? 그래도 온갖 아이디어를 쥐어 짜냈다. 당시 현장에 떨어진 볼트와 리벳을 하나씩 주웠다. 볼트와 리벳을 주우면서도 생각했다. 방법이 없을까? 방법이 없을까를 되뇌었다. 전두엽에는 이미 혁신 답안이 담겨 있다고 하지 않던가? 갑자기 번뜩했다.

4공정인 진동보정 공정 37초. 왜 시간이 많이 걸리는가? 그 이유인즉 이 공정은 정상인 경우 24초이지만, 보정이 필요한 경우에는 손톱만 한 팁을 꽂아 로봇의 관절 각도를 제어하고 있었다. 그렇다면 보정에 필요한 보수 라인을 구동하면 어떠할까? 라인 옆에 'U자형' 라인을 하나 구상하는 생각을 했다. 문제없는 경우 1자 라인에 그대로 통과시키고, 진동이 발생하면 U-라인에 보내어 수정 작업을 하는 것이다. 즉, 막히는 수도관에 U자 형태의 지관을 설치하는 라인 개선안이었다. 이렇게 하면 문제 되는 제품으로 인해 막히는 공정이 해소될 수는 있지만, <u>사람이 한 명 더 투입되어야 한다는 단점이 있었다.</u> 금액을 계산해보았다. 병목이 10초 줄어들면, 제품 생산 수량이 증가되어 놀랍게도 ① 연간 12억 이상 절감이 가능했다. 인건비를 따져보니, ② 연간 약 2천만 원. 그렇다면, ③ 개선 금액은 11억 8천만 원(① -②)이 된다. 최인걸은 복권에 당첨된 것처럼 부들부들 떨었다. 이것으로 인생이 대박이 나는구나, 진급하는 것 아닐까?

최인걸 리포트 개요

현재					
1	2	3	4	5	6
기초	조립 1	조립 2	보정	컨트롤	포장
23"	25"	24"	37"	27"	26"

4번 보정 라인이 병목공정

① 인원 13명
② 일 생산량 217대
③ 매출액 88억
④ 매출이익 28억
⑤ 노동생산성 7.9원

개선 후			효과 : 12억		
1	2	3	4	5	6
기초	조립 1	조립 2	보정	컨트롤	포장
23"	25"	24"	25"	27"	26"

Sub

'U자형' Sub라인을 추가로 병목개선

① 작업인원 14명(8%▲)
② 일 생산량 310대(43%▲)
③ 매출액 126억(43%▲)
④ 매출이익 40억(43%▲)
⑤ 노동생산성 9.7원(23%▲)

리포트를 허겁지겁 만들었다. 기분이 너무 좋았다. 그런데 신 주임에게 결제를 올렸더니 곧바로 리턴 되었다. 우선 오탈자가 너무 많았다. 신 주임은 야속하게도 빨간 펜으로 주욱 주욱 그어서 최인걸 책상에 던져주었다. 다시 작성해서 올리면, 또 수정하고 또 수정하고, 한 열 번은 했다. 인격 전체가 무너지는 느낌이었다. 그렇게 난리를 치르고, 간신히 신 주임이 서명을 했다. '와, 대통령보다 더 힘드네. 한 끗 차이인데, 직장에서 상위 결재가 이토록 무서운 것이구나.' 끝날 것 같은 결재는 공장에서 꼼꼼하기로 유명한 생산과장에게 넘어갔다. 리턴, 또 리턴, 과장님이 야속하면서 짜증도 났다. 결재한 신 주임까지 붙잡아 혼내기도 했다. 그런데 신 주임은 최인걸을 대변해주었고, 상의하면서 수정을 같이 돌봐주었다. 결재를 해서 그런가? 이상한 일이었다. 아무튼 신 주임은 최인걸이 당하는 고통을 함께 해주었다. 생산과장은 **"야! 최 기사, 이것으로 어떻게 12억을 절감하냐? 말이 되냐? 근거를 설명해봐. 다시 분석해봐.", "야! 최 기사, 병목공정이 이것 하나야? 하나가 완료하면 다음 병목을 분석해야지.", "야! 최 기사", "야! 최 기사"**, 집에서도 환청이 들렸다.

리포트 쓰기 진짜 힘들다. 대학 때는 대충 작성하거나, 복사하면 그만인데 사회는 그렇지 않다는 것을 뼈저리게 느꼈다. '내 글에 내가 책임을 져야 하는구나.' 글자 하나하나가 무섭고 두려웠다. 글솜

씨의 문제가 아니었다. 직장에서 쓰는 간결하고도 합리적인 문장 형태를 아직 모르기 때문에 어려운 것이었다. 12억의 절감 금액을 증명하는 데만 온종일 과장님께 분석 데이터를 드려야 했다. 철통방어를 하던 과장님한테 통과되었다. 신 주임 통과하는 데 3일, 과장님 3일로 도합 일주일이 훅 갔다. 그리고 마지막 생산팀장의 결재가 남았다. 최인걸은 솔직히 두려웠다. 생산팀장은 공장의 2인자로 표독한 부장이었다. 솔직히 대화하기도 어려운 상대였다. 심장이 쿵쿵거리며 자신이 없었다. 과장님이 결재판을 팀장께 올려놓았다. 계속 신경이 쓰이고, 목이 타들어 갔다.

그로부터 이틀이 흘렀다. 바쁘게 현장을 뛰어다니다 보니 리포트가 점점 잊혔다. 최인걸은 여느 때처럼 현장에 있는데 생산팀장의 호출이 왔다. '아, 올 것이 왔구나! 과연 어떻게 되었을까?' 매일같이 오르던 사무실 계단이 무겁게만 느껴졌다. 사무실에서는 표 부장이 무서운 얼굴로 최인걸을 노려보고 있었다. 팀장은 최인걸에게 결재판을 주면서, **"수고했어."**라고만 했다. 결재판을 그의 자리로 가져와서, 판도라의 상자처럼 조심스럽게 열어보았다. 과연 어떻게 되었을까? 생산팀장의 결재는 물론, 놀랍게도 공장장의 결재가 있었다. 공장장은 **"최인걸 기사, 수고 많았습니다. 앞으로도 라인밸런싱을 통한 생산성 분석으로 생산 최적화를 위해 노력해주세요."**라는 첨언까지 적어주었다. **"노력해주세요."**라는 글씨는 흐릿했다. 눈물이 났다. 하찮은 신입사원의 리포트에 결재란도 없는 공장장이 서명과 멘트를 해주다니, 감사하고 또 감사했다. 그 무서운 호랑이 표 부장이 공장장한테까지 결재를 받아준 것이었다.

신 주임은 감격해 있는 최인걸을 보면서, 결재에 대하여 설명해주었다.

첫째, 결재는 어렵다. 그렇기 때문에 겸허하게 올리고, 경건하게 받아라.

둘째, 결재하면 책임을 지고, 기안자를 배려하고 끝까지 케어해야 한다. 당신 것을 내가 결재한 이상 나도 뒷짐질 수 없다. 적극적으로 보스에게 설명해야 한다. 그러기에 사전에 빡세게 취조하듯 확인하는 것이다.

셋째, 결재는 책과 같아서 내가 죽더라도 남는다. 당시에는 가장 최선·최적안으로 작성해야 한다.

많은 깨달음이었다. 신 주임은 덧붙여 말했다. **"최 기사! 결재는 향기가 있는 것이여. 나가 작성한 것은 신해답 향기가 있는 것이고, 최 기사가 작성한 것은 최인걸 향기가 있는 것이여. 내 글이 수십 년 후에도 남는다고 생각혀바라. 소홀하게 작성하면 쓰겠는가? 우리의 직장 생활의 삶이 고스란히 결재에 담기는 것이여."** 글로 소통하는 직장 생활에서 본인의 향기를 찾아야 한다는 것을 최인걸은 가슴 깊이 새겼다. 리포트를 작성하면서 본인이 해답을 얻고자 노력하는 크기에 비례하여, 어떤 난제도 풀 수 있음을 깨닫게 되었다.

06

악필 기안
(惡筆起案)

비즈니스의 근본에는 문서작성 능력이 있다

고객을 위해 핵심을 파고드는 제안서의 한 줄 문장이 수주와 직결된다. 어려운 상황을 글로써 정리하면, 심플한 해결책이 찾아지는 것도 문서작성의 힘이다. 이렇듯 비즈니스에서의 문서작성 능력은 강조해도 지나침이 없다. 그렇다면 직장에서의 문서작성 능력은 어떻게 보유할 수 있는가? 특히, 초급자들은 어떻게 문서를 써야 하는가? 직장에서의 대표적인 문서는 기안과 협조문으로서, 공식적인 소통의 언어이다. 다만, 상대방에 따라 기안은 수직적, 협조문은 수평적이라는 차이가 있다. 이 두 문서의 작성 여부가 사원과 대리급의 차이이다.

최인걸이 입사한 지 6개월이 지났을 무렵이었다. 표독한 부장이 불렀다. 매처럼 쏘아보는 그의 면전에서는 신해답 주임조차도 주눅이 들고 움찔했다. 기안 용지 하나를 던져주며, **"야! 최 기사, 신규 절곡기를 도입해야 하는데, 구매 요청 기안 하나 작성해라."** 헉! 무슨 말씀인가? 신규절곡기는 뭐고, 기안? 이건 또 뭐지? 그러고는 멍하니 서 있는 그를 향해 표 부장은 소리쳤다. **"야! 뭐하냐? 얼른 기안 작성해서 결재 올려라."** 최인걸은 후덜덜한 마음에 답변을 하고는 멘토 신 주임을 찾았으나 때마침 동원예비군 훈련으로 며칠간 자리를 비운 상태였다. 마치 딱따구리가 따라다니면서, 그의 머리를 계속 쪼아대는 듯이 다급했다. 기안 용지에 끄적거리기 시작했다. 그러나 써본 적이 없고 관련 지식과 자료가 전혀 없는 상태에서 글이 써질 까닭이 없었다. '절곡기를 도입한다고 했지. 현장에 절곡기라는 설비를 우선 봐야겠다.' 최인걸은 현장에 내려갔다. 절곡기는 판금반에 있었다. 절곡 공정은 판금반의 세 번째 요소 공정으로서 '철판을 다각도로 접어내는 것'을 의미했다. 철판을 접기에 산업 현장에서는 프레스에 이어 가장 많은 안전사고를 내는 위험한 공정이었다. 최인걸은 말로만 듣던 절곡기 앞에 서서 철판을 접고 있는 작업자를 물끄러미 바라보고 있었다. 때마침 판금반장이 왔다. 최인걸은 다급하게 얘기했다. **"반장님, 절곡기를 새로 도입하는 기안을 쓰라고 팀장께서 지시하셔서요, 절곡기가 어떻게 생겼는지 한번 보려고 왔습니다."** 그러자 판금반장은 "아, 그래? 팀장님이? 오호~ 이리와, 내가 설명해줄게. 절곡기라는 것은 철판을 자르고(샤링), 가공한 (NCT) 후에, 접어내는 것을 의미하네. 그런데 이 기계는 일본 D社 제품이야. 아, 지금 좀 낡아서 바꿔야 해. 어쩌고저쩌고~, 각도를 이렇게 조율해야 하거든, 여하튼 최 기사가 잘 좀 바꿔줘. 새 절곡기로 생산성 좀 올리게." 최인걸은 손 들고 벌서는 아이에게 조용히 의자를 얹어주시던, 얄미운 주임 선생님이 생각났다. 단 한마디도 알아들을 수 없었다. 영어보다 어렵다는 현장 용어! 기계를 본 적도 없고, 다뤄보지도 못했고, 기본적으로 얼마인지, 어디 제품이 좋은 것인지, 어느 부분이 구매의 핵심인지, 신입사원 최인걸은 전혀 알 수 없었다. 판금반장에게 매달려서, 기계의 매뉴얼, 작동 절차서 등을 우선 복사했다. 그리고 일주일이 흘렀다. 1995년은 윈도우가 거의 태생하던 시대이고, 지금처럼 인터넷이 활성화되지 않았던 정보 부재의 시절이다. 기안은커녕 아무런 진전을 할 수 없었다. 머릿속에 글자는 있는데, 현장 용어를 어떻게 기안으로 둔갑시켜야 할지를 몰랐다. 신 주임은 너무도 바빠서 물어볼 틈도 없었고, 타박받을 생각을 하니 내심 자존심이 상하기도 했다.

'이제 팀장님이 찾으시면 어떻게 하지, 큰소리 날 텐데.' 최인걸은 팀장이 안 보이는 곳으로 슬슬 피해 다니기 시작했다. 그로부터 3일쯤 지났을 때, 팀장이 뜻밖에도 최인걸이 아닌 신해답 주임을 찾았다. "야, 신 주임! 최 기사에게 지시한 절곡기 구매기안은 어떻게 됐나?" 신 주임은 매우 당황하며 최인걸에게 달려왔다. 표독한 부장은 답답해했다. 최인걸은 사시나무처럼 떨었다. '난, 죽었구나! 작성도 안 했지만, 신 주임에게 중간보고를 했어야 하는 거였구나.' "야! 신 주임, 절곡기 안 살 거야? 고장이 잦아서 사야 한다면서? 근데 왜 기안을 안 올려?" 신 주임은 선뜻 "네."라고 대답했으나, 갑작스레 대안이 나올 리 없었다. "그럼, 가져와 봐. 1차로 내가 검토하게." 표 부장은 집요하게 잡아챘다. 기겁을 한 신 주임은 최인걸에게 작게 물었다. "최 기사, 어떻게 된 거야? 부서장님이 언제 지시하셨어? 나에게 왜 말 안 했어? 자료는 어떻게 되었어?" 최인걸은 이미 동공이 풀렸다. 답변을 잃은 것이다. "야, 둘이 뭐해? 답답하게 뭘 웅얼거려? 최 기사! 아직 안 됐나?" 표 부장의 송곳 같은 질문이 최인걸에게 직행했다. "네, 아직 못 했습니다. 죄송합니다." 최인걸은 간신히 떨면서 대답했다. '아, 이제 죽었구나! 퇴사를 각오해야 하나? 어떻게 입사한 회사인데.' 몹시 겁을 내고 있는 최인걸에게 불같이 추궁할 것 같던 표 부장은 부드러운 어투로 "아, 참 나. 최 기사, 기안 용지 가지고, 이리로 와봐!" 기안 용지 위에 표 부장이 수기로 기안을 쓰기 시작했다.

표 부장의 글씨는 정말 알아보기 어려운 수준의 악필이었는데, 아랍어를 사용하는 줄 알았을 정도였다. 그렇지만 최인걸은 그 순간만큼 그의 악필이 그토록 아름다울 수 없었다. 표 부장은 입으로 말을 하면서, 손으로 기안을 쓰기 시작했는데, 정확히 12분 만에 기안을 다 썼다. "야, 이까짓 것을 뭘 그렇게 오래 걸려? ① 기안 문구는, ② 작성 배경은, ③ 구입 목적은 이러하고, 아! ④ A, B 안건을 넣어야지. ⑤ 구입 제품사, ⑥ 비용, ⑦ 장단점, ⑧ 감가회수 기간, ⑨ 담당자 의견-그리고 빠진 것 없나? 아, 마지막으로 ⑩ 추진 일정을 넣으면 되지." 그러면서 손으로 간트 차트를 쭉쭉 그렸다. 앉은 자리에서 빈 종이에 금세 글이 가득했다. 군더더기가 하나도 없었다. 황홀한 매직쇼를 보고 있다고 최인걸은 생각했다. 열흘이 지나도 한 글자도 쓸 수 없던 그였다. "야, 최 기사! 뭘 그렇게 고민해. 자, 기안은 이렇게 쓰는 거야. 알았어? 타이핑해서 올려!" 표 부장은 웃으면서 기안 용지를 건넸다.

결재를 바랍니다

악필 이지만, 최고의 기안

직장에서 일하는 방식		
구분	기안	협조문
방식	수직적	수평적
최종결재	상사	협의 부서
용도	구매, 기획	부서간 협조
비용	○	△

↓

증명서
(나의 효용가치를 증빙하는 방식)

'고스톱으로 직급 따는 사람은 없다.'는 직장 비속어가 있다. 팀장은 직급 높고 큰 목소리만으로 카리스마를 발휘하는 것이 아니고, 지적 완력이 뒷받침되어야 한다는 것을 최인걸은 알게 되었다. 그리고 그는 선 채로 입사 반년 만에 기안 쓰는 법을 배울 수 있었다. 그 이후로 팀 내에 기안, 협조문은 언제나 최인걸의 담당이었다. 마치 첫 술잔이 인생 전체의 술버릇이 되듯이, 최인걸은 기안 작성 시 경건하고 집중해서 작성하는 습관을 갖게 되었다. 이렇듯 직장인에게 문서작성 능력은 매우 중요한 역할을 한다. 상사에게 내가 아직 회사에서 효용가치가 있다는 것을 표현하는 증명서의 역할을 하기 때문이다.

07

지각 주임

기본과 원칙을 중시하라

회사에서 기본과 원칙은 근태와 규정이다. 눈이 날리는 안산 반월공단의 염색 공장 굴뚝이 어느덧 하얀색으로 소복이 덮이고, 최인걸의 직장 생활은 어느덧 2년 차의 겨울을 보내고 있었다. 내년이면 주임이 된다. 지난 2년의 직장 생활은 어땠는가? 실로 정신없이 일했고, 현장에서도 능력을 인정받기 시작했다. 승진 심사가 있다고 하여, 공장장이 오늘 아침에 본사에 올라갔다. 최인걸은 주임이 된다는 생각에 벌써부터 뿌듯함이 밀려왔다. 지긋지긋한 기사라는 호칭. 기사는 어디든 널려 있었다. 현장에서도 반장 이외에는 전부 기사라고 불렸다. '공장장님 오시면, 좋은 소식이 있겠지.' 이윽고, 오후에 공장장이 왔다. 오자마자 팀장들을 찾았다. 그런데 팀장 회의 중 뜻밖에도 최인걸을 찾았다. '어? 왜 찾지? 뭐 좋은 일이 있나? 주임 승진 이외에는 특별한 것이 없는데, 왜 찾을까?'라고 생각하면서 최인걸은 공장장실로 향했다.

회의실에 들어가자, 엄중한 자리에 팀장들이 원탁에 빙 둘러앉아 있었다. 표독한 부장이 말문을 열었다. "어, 최 기사! 왔어? 다름 아니라, 최 기사는 이번 승진대상에서 제외되었다." 쿵. 이게 무슨 말인가? 최인걸은 갑자기 귀가 멍해졌다. 당황하는 그를 바라보며 이번에는 공장장이 물었다. "야! 최 기사, 너는 도대체 지각을 몇 번이나 한 거야?" 지각? 무슨 지각? 지각과 진급이 무슨 상관이란 말인가? 난 죽어라고 열심히 일했을 뿐인데, 이게 무슨 뚱딴지같은 소리인가? 최인걸이 이해 안 가는 눈으로 바라보자 총무과장이 설명을 덧붙였다. "최 기사! 잘 들어라. 네가 지각을 2년간 6회를 했어. 규정상 지각 6회면 3번의 결근이야. 우리 회사 규정상 결근 2회까지가 진급 마지노선이다." 아, 규정. 인사 규정을 의미했다. 인사 규정의 취업규칙에는 지각 2회가 결근 1회였다. 결근이 3회 이상이면 진급이 불가했다. 회사 입사했을 때 보았던 규정이 어렴풋이 생각났다. 그렇지만 최인걸은 진급하기 위해 승진 규정에 있는 토익 점수를 패스했고, 봉사 점수를 채웠으며, 평가 점수 A를 받았다. 동기와 선배 모두에게 성실한 그가 진급에 누락된다는 것은 결코 상상할 수 없다. 그런데 인사 규정이 그의 발목을 잡은 것이었다. 최인걸은 순간

무너져 내렸다. 공장장은 덧붙여 말했다. "**최 기사, 일단 그렇게 알고 나가 있어라. 기대할까 봐 미리 얘기하는 거야.**" 그는 무거운 발걸음으로 공장장실을 나왔다.

지각 6회 = 결근 3회
진급 누락, OMG

화장실에 갔다. 세수를 하고는 떨리는 손으로 담배를 물었다. 깊숙하게 담배 연기를 흡입했다. 흥분해서인지 담배 한 대를 단 세 번의 흡입으로 다 태웠다. 담배 연기와 함께 그의 마음도 타들어 갔다. 공장은 지각 체크가 엄격했다. 단 1분만 늦어도 경비 아저씨는 가차 없이 부서와 이름을 기재했다. 그 체크된 지각이 본사 인사팀으로 그대로 올라갔다. 그렇지만 본사는 그런 경비 아저씨가 없다. 즉

이 규정은 공장에 지극히 불리한 것이다. 왜 본사와 공장의 지각자에 대한 불이익이 서로 다르다는 말인가? 그렇지만 이제 와서 불공평을 논할 수는 없었다. 규정은 규정인데, 아, 거지 같은 규정! 최인걸은 입술을 꽉 깨물었다. 다시 사무실로 들어갔다. 2시간 후에 생산팀장은 팀 미팅을 소집했다. 최인걸은 '내가 떨어진 것을 공식화하려 하시나? 왜 회의를 할까? 그냥 조용히 하면 안 되나?' 하며 회의실로 향했다. 15명이 모였다. 아~ 참 쪽팔리다. 진급을 못 하다니, 하늘이 노랬다. 표 부장이 말문을 열었다. **"우리 팀에서 진급 누락자가 한 명 발생했습니다만, 간신히 구제가 되었다고 인사팀장과 통화했습니다. 최 기사! 진급 축하한다."** 축하의 목소리가 이어졌다. **"그러나 최 기사를 구제하기 위해 공장에서 올린 특진 대상자가 한 명 누락되었습니다. 누구인지는 말하지 않겠지만 정말 안타까운 일입니다."** 최인걸은 진급이 확정되었지만 결코 웃을 수 없었다. 그로 인해 특진을 못 한 인원이 발생한 것이었다. 특진 대기자도 목마르게 기다렸을 것인데, 미안한 마음이 앞섰다. 대체 최인걸은 왜 지각이 빈번했을까? 집도 멀었지만, 주원인은 음주였다. 잦은 술자리로 인해 아침에 출근 버스를 자주 놓쳤다. 간신히 택시를 타고 출근 시간에 맞추어 온 적도 많았다. 결국 그 자신의 행동이 이러한 결과를 낳은 것이다.

회사의 인사 규정은 무엇이고 왜 그렇게 중요한가? 그에 대한 해답으로 영화 〈코치 카터〉에 보면 규정의 중요함을 알 수 있다. 주인공 '카터(사무엘 잭슨)'가 고교 농구팀 코치를 맡게 되면서, 골칫덩어리 농구 선수 학생들에게 시합이 있는 날에는 넥타이를 하고 오라고 시킨다. 물론 심한 반발이 있지만 선수들은 결국 서서히 카터 코치의 말대로 변화한다. 올곧은 행동이 사람의 생각을 바르게 만드는 것이다. 영화 속에서 카터 코치는 아무리 고득점 엘리트라도 규정을 준수하지 않는 선수는 과감히 팀에서 아웃시킨다. 그가 없으면 망할 것 같은 농구부도 회생하고, 쫓겨났던 친구들도 결국 무릎을 꿇고 코치의 품으로 돌아온다. 작은 행동 규범을 준수하게 되자, 마치 '깨진 유리창의 법칙'처럼 경기장에서는 돌출 행동이 사라지고 전략대로 움직이게 된다. 결국 카터는 팀을 우승으로 이끌고, 문제아들은 우수 대학과 NBA에 입성하게 된다.

이렇듯 조직에 있어서 규정은 근간을 이룬다. 기준이 없으면, 직원들이 회사를 신뢰하지 않게 되고, 그 결과 회사의 기율이 무너진다. 아둔했던 최인걸은 승진을 통해 규정이 얼마나 중요하고도 무서운지를 절실히 깨닫게 되었다. 그 뒤로는 그는 회사의 규정을 외우다시피 했다. 절대로 문제가 되지 않도록 아예 사전에 예방을 했다. 기본과 원칙, 직장인이 준수해야 할 가장 필수적인 요소이다.

08

노블레스 오블리주
(Noblesse oblige)

리더는 조직을 행복으로 이끌어야 한다

리더는 조직을 행복으로 이끌겠다는 확고한 의지가 있어야 한다. 즉, 리더는 부하 직원을 무한 책임지겠다는 신념을 갖고 있어야 한다. 만일 리더가 무책임하다면 결국 팀이 패배하게 되고, 독선적이라면 성과를 본인이 직접 챙기려 하기 때문이다. 팀의 패배를 책임지는 것도 의당 리더의 몫이다. 리더가 조직을 행복하게 하려는 의지는, 성공은 조직원 덕분이고 실패는 내 잘못이라는 숭고한 노블레스 오블리주(초기 로마 시대의 왕과 귀족들이 보여준 투철한 도덕의식과 리더십)의 솔선수범 정신에 의거한다.

1998년. 최인걸이 어느덧 직장 생활 4년 차가 되었다. 국가부도 사태가 벌어진 때이다. IMF의 검은 그림자가 최인걸의 직장에도 뒤

덮고 있었다. 딥오토메이션은 참으로 건실하고 유망한 기업이었다. 1996년도에 주식상장을 하고, 주가가 액면가의 6배 이상 급등하였다. 국내 굴지의 대기업 정밀 공정에 필요한 로봇 아이템 강점과 함께, 국산화된 깐깐한 로봇을 원하는 반도체, FPD 시장이 급성장했기 때문이었다. 상장과 함께 주식이 폭등하는 바람에, 우리 사주를 샀던 직원 상당수가 1년 이내 주식을 매도하기 위해 퇴직하려 해서 그에 대한 만류 대책을 회사가 수립할 정도였다. 1997년에도 매우 좋은 성적으로 연말 인센티브가 400%씩 지급되었던, 그야말로 로봇 업계의 강소기업(Hidden Champion)이었다. 그러나 IMF라는 쓰나미는 그런 과거의 성과 따위는 송두리째 무너뜨렸다. IMF 시대가 시작됨과 동시에 즉시 매출 급감이 도래했다. 연간 600억이 넘던 수주는 300억으로 반 토막이 났다. 회사에서의 비용 절감은 한계가 있었다. 변동 비용을 아무리 쥐어짜도 여전히 수익이 나오지 않았다. 영업이익은 마이너스로 곤두박질쳤다.

구조조정의 여파가 몰아닥쳤다. 인력을 줄이기 전에, 개인별로 최저 급여를 받고 격일제 근무가 시작되었다. 공장의 근무 인원은 A와 B조로 분리되었는데, 최인걸은 월, 수, 금에 출근하는 A조에 편성되었다. 신혼 생활을 막 시작했을 때였다. 최인걸은 집에 있는 남편을 바라보는 아내에게 몹시 미안하고 창피했다. 돈을 못 버는 가장이었지만 어쩔 수 없었다. 그나마 격일로 회사를 다니고 있지만, 못 다니거나 명퇴한 사람들이 부지기수로 파고다공원에 쏟아져 나왔다. 노숙자와 등산객들이 두 배 이상 늘었을 정도로 사회적인 심각한 문제가 되고 있었다.

1998년 9월. 노사협의회는 무겁게 진행되었다. 사측 대표는 공장장, 생산팀장, 총무과장이 구성되고 노측 대표로는 반장 3명이 앞장섰고 최인걸은 간사를 맡았다. 노사협의회에서 나온 주제는 구조조정! 회사가 살아남기 위해서는 구조조정이 불가피하다는 데에 상호 이견은 없었다. 이윽고 노측 대표 판금반장이 입을 열었다. "구조조정이 노무적인 문제라기보다는, 지금은 IMF로 인한 국난이라고 생각합니다. 어차피 구조조정을 한다면, 명예롭게 했으면 합니다. 그래서 생산직 사무직 할 것 없이, 공장에 근무하는 우리 모두가 사표를 쓰면 어떠할까 싶습니다. 그리고 나서 사장님의 결심을 받으면 어떻겠습니까? 그렇게 해서 누군가는 남고, 누군가는 나가더라도 합리적일 것으로 봅니다. 어떻습니까?" 공장장이 입을 열었다. "네, 그렇습니다. 노측 의장 말씀을 존중합니다. 나부터 사표를 쓰겠습니다." 이 의견에 전원 동의했다. 전원이 사표를 쓴다면 명예롭고 무엇보다도 저성과자를 구조조정한다는 오해가 없어지기 때문이었다. 노측 대표들은 대강당에서 현장 인원에게 내용을 전달했고, 다음 날 공장장을 비롯한 직원들 모두가 사표를 썼다. 모두 어려운 결정이었지만 공동체 의식이 있어서 마음은 홀가분했다.

공장의 일괄 사표를 본사에 제출한 지 하루가 지났다. 그러나 공장 전원의 사표를 일괄로 수리할 수는 없지 않은가? 과연 앞으로 어떻게 될까? 무슨 묘책이라도 있는 것일까? 최인걸은 표독한 부장께 물었다. 표 부장은 **"야, 최 주임! 뭐가 그렇게 걱정되냐? 신경 쓰지 말고 하던 일 열심히 해라."** 돌아서는 어깨를 다독였다. 최인걸은 생각했다. 만일 50%가 구조조정이 된다고 하면, 솔직히 그 인원은 정해져 있다. 현장에 가도 눈에 보인다. 결국 평가, 평판, 미래의 가치를 놓고 판단할 일이다. 사실, 그는 현장의 75명에 대하여 당장 순번을 매길 수 있었다. 즉, 75명 중 38번부터는 아웃인 것이다. 가혹하지만 간단한 논리였다. 사무실도 마찬가지였다. 직급별로 사원, 주임, 대리, 과장, 차장, 부장의 순번은 정해져 있다. 사원 6명 중 3명, 주임 4명 중 2명, 대리 4명 중 2명, 팀장 2명 중 1명을, 조직 피라미드를 사선 형태로 슬라이스 하면 조정이 끝나는 것이다. 냉혹하지만 현실적인 답안이었다. 최인걸도 그런 사실을 잘 알고 있었다.

다음 날. 생산팀장 표독한 부장이 조회를 열었다. 생산팀 전원이 모두 현장에 모였다. 표 부장은 큰 목소리로 **"지금부터 하는 얘기를 잘 들어주십시오, 여러분도 아시다시피, 우리가 일괄사표를 제출하였습니다. 그렇다고 전원이 다 나감으로써 공장을 폐쇄할 수는 없습**

니다. 그렇기에 안타깝지만 구조조정을 시작하겠습니다. 아쉽게도 여기 인원 중에 절반은 같이 근무를 못 합니다. 퇴사하는 인원은 해고수당과 위로금을 300% 지급받을 것이며 퇴직금을 수령하면 되겠습니다. 아울러 경영진은 회사 경영을 정상화하면, 퇴직자를 최우선으로 채용한다고 약속했습니다." 그러고는 잠시 심호흡을 하였다. "지금부터 퇴직자 명단을 호명하겠습니다. 퇴직자는 우측으로 열외하시기 바랍니다. 생산 현장에서는 최○○ 반장, 김○○ 반장, 이○○ 반장, … 홍○○ 기사, 임○○ 기사 … 이렇게 37명이 퇴사를 하게 되었고, 그리고 제가 나갑니다."라고 말하고는 표 부장이 퇴사자들이 서 있는 우측으로 걸어갔다. 순간 최인걸은 귀를 의심했다. 팀장님이 퇴사하다니? 왜? 말도 안 되는 것이다. 무엇 때문에 생산팀 캡틴이 퇴사한다는 말인가? 그는 머지않아 공장장과 임원을 바라볼 수 있었다. 조직에서 누구보다도 우수한 핵심 리더였다. 생산팀의 모든 인원은 고개를 숙였다. 어느 누구도 "제가 왜 나갑니까?"라는 불만이 없었다. 팀장이 직접 본인의 사직을 언급했기 때문이다. 최인걸은 충격적인 생산팀장의 퇴사 소식에, 며칠 동안 멘탈이 붕괴되었다. 평소 존경하던 분이었기에 더더욱 그러했다.

마침내 퇴사 인원에 대한 송별회가 열렸다. 평소보다 과음한 최인걸은 공장장에게 물었다. "공장장님, 생산팀장님은 회사에 없으면 안 됩니다. 공장에 반드시 필요합니다. 왜 보내십니까? 한 번만 재고하여 주십시오." 공장장도 만취하여 답했다. "최 주임, 니 말이 맞다. 안타깝다. 표 부장이 나의 오른팔인데 그런 결정이 쉬웠겠는가? 당연히 말렸지. 말려도 보고 명령도 내렸지만 소용이 없었다. 안타깝다. 그러나 그는 심지가 굳고 앞으로도 충분히 자생할 능력과 용기가 있기에 보내주는 거다. 이해해라." 공장장의 눈도 벌겋게 되어 있었다. 최인걸은 화장실에 가서 흐르는 눈물과 함께 세수를 했다. 표독한 부장, 그는 건설회사 출신으로 딥오토메이션에 평사원으로 입사했다. 불과 4년 만에 4단계의 직급을 뛰어넘는 역사상 전무후무한 기록을 세웠다. 직선적이고 카리스마 넘치지만 마음은 누구보다도 따스한 사람이었다. "팀장님, 정말 떠나시면 안 됩니다. 저 많이 가르쳐주셔야지요. 이렇게 가시면 어떻게 합니까? 아둔한 제가 보기에도 회사에서 임원이 되실 분인데, 왜 그만두십니까? 제가 그만두는 것이 회사를 위해서도 더 유익한 것 아닐까 싶습니다. 재고해주십시오." 그날, 웃으면서 건배 제의를 하던 표 부장의 눈시울도 어느덧 붉어졌다. "야 최 주임, 고맙다. 내가 쪽팔려서 그런다. 아무리 IMF라고 해도, 애들 자르고 내가 얼굴을 들고 다닐 수 있겠냐? 나는 그렇게 못 하겠다. 최 주임, 너는 앞길이 창창하고 직장 생활은 길어. 직관적으로 냉철하게 판단하면서 누구보다도 성실해라. 알았지?"

아래 직원들을 내보내고 그 책임을 감당하는 진정한 리더. 최인걸은 그렇게 직장에서 첫 번째 멘토를 보냈다. 지금 표 부장은 딥오토메이션의 협력사 사장으로 여전히 활력이 넘친다. 그는 회사를 박차고 나올 정도의 자신감, 전문 지식, 책임감이 있었기에 IMF 구조조정에도 노블레스 오블리주를 실천할 수 있었다. 무릇 리더는 집단을 행복으로 이끌어야 한다. 그러나 최악의 경우, 최종적으로 조직원의 불행에 대한 책임을 져야 하는 것도 리더의 몫이다. 어린 최인걸은 리더십은 희생을 바탕으로 한다는 것을 깨닫게 되었다.

딥오토메이션 공장의 IMF 구조조정

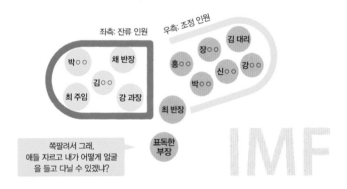

09

일본 TPS교육

변화는 고통을 수반한다

변화는 많은 고통이 수반하고, 고통은 내공 증진을 토해낸다.

1999년. 최인걸은 생산팀의 중심으로서 많은 업무를 맡게 된다. 사실 생산관리뿐만 아니라 원가관리와 공정관리도 진행하였고 점차 제조의 핵심 인재로 성장하고 있었다. 딥오토메이션의 인자한 사장은 IMF를 극복하고자 어려운 현실 속에서 변화하기 위하여 고심하던 중, 한국능률협회에서 진행하는 TPS(Toyota Production System) 연수 교육에 직원들의 참석을 유도한다. 제조의 변화를 일으키기 위함이었다. TPS란 '도요타 생산 방식'으로서 도요타 자동차의 독창적인 관리 시스템을 의미한다. 당시 JIT와 자동화를 필두로 전 세계적인 혁신 센세이션을 일으키고 있었다. 많은 기업이 일본의 도요타 생산 방식을 배우러 갔고, 한국능률협회는 이를 프로그램화하여 일본 연수를 진행했다.

공장장이 팀장 회의를 소집했다. "다들 모이세요. 사장님께 TPS 교육을 품의하였고, 사장님이 오늘 재가하셨습니다." 팀장들이 웅성 거렸다. 설계팀장은 TPS가 무엇인지 물었고, 생산팀장이 도요타 생산 방식이라고 답했다. "맞습니다. TPS는 일본 연수를 가서 도요타의 정신과 생산 방식을 벤치마킹하는 것을 의미합니다." 공장장은 다시 한번 힘주어 말했다. 넉살 좋은 공무팀장이 일본에 가고 싶다고 손들었고, 자재팀장도 보내달라고 손을 들었다. 공장장은 웃으며 말했다. "걱정하지 마세요. 사장님께서 많은 인원을 보내라고 하셨고 인당 200만 원 정도 소요됩니다." 정적이 흘렀다. 팀장 급여가 200만 원 선인데 그렇게 많은 비용을 지급하며 일본에 가서 교육을 받는다는 것은 놀라운 결정이었다. 공장장은 단호하게 말했다. "교육 대상은 공장 인원 전원 포함하여, 전사 150명을 보내라고 하셨습니다."

최인걸은 반문했다. 일본? IMF가 아직도 가시기 전에, 도대체 왜 일본에 보내지? 딥오토메이션은 산업용 로봇을 생산하는 업체이다. 즉 산업 현장에 맞춤 로봇을 제작하여 고객 공장에 셋업하는 수주 형태(Make to Order)의 공급을 하고 있었다. 과연 도요타의 자동차 생산 방식이 맞을까? 컨베이어 위에서 대량생산하는 모습을 볼 텐데, 파렛 단위로 한 대씩 생산하는 우리 회사에 무슨 도움이 되겠는가?

사장님은 대체 무슨 생각을 하는 걸까? 어쨌든 공장은 연수 준비로 분주해졌다. 총 80명이 8명씩 10개 조로 일본에 보내졌다. 최인걸은 3조였다. 함께 간 인원 중에서 전기반장이 있었다. 연배가 비슷하여 친하게 지냈는데, 비행기 타고 일본에 간다고 하니 가슴이 설레고 기분이 좋았다. 전기반장이 말했다. **"최 주임, 살다 보니 일본도 가고 우리 회사는 참 좋아요 허허! 실컷 놀다 옵시다. 오랜만에 사케도 한잔 하고"** 손목의 스냅을 꺾어가며 연신 즐거워했다.

그렇게 들뜬 마음으로 일본 나고야에 있는 도요타시에 도착했다. 한국능률협회의 최고성 팀장이 동행했다. 최 팀장은 제조 혁신 전문 컨설턴트로서 일본어도 능통하여 통역까지 담당했다. 일본에 도착하자마자 도시락집에서 간단한 요기를 했다. 양은 적었지만 오랜만에 먹는 스시와 된장국이 일품이었다. 그리고 밥도 먹었고 숙소로 가서 좀 쉬겠구나 하고 모두 생각했는데, 최고성 팀장은 3조 전원을 어느 공원에 데리고 갔다. 모랄 교육(Morale Training)을 하였다. 최 팀장은 혁신에 대한 구호를 적은 종이를 나누어 주고 외우라고 했다. 그는 갑자기 큰 소리로 함께 구호를 외치라고 했다. 두 시간을 외쳤다. 아, 모랄 훈련. 목이 다 쉬었다. 조원들은 모랄 훈련을 'G랄 훈련'이라고 명명했다. 그렇게 조용하던 최고성 팀장은 갑자기 군대식 유격 훈련 조교가 되어 혹독하게 압박했다. 모랄 교육은 일종의 워밍

업으로서, 혁신에 대한 의지를 불사르기 위해서 꼭 필요하다고 말했다. 2시간 동안 모두 지쳤다. 하지만 소리를 지르다 보니 가슴속에 뭔가 뜨거운 의지가 생겨났다. 최고성 팀장은 중간에 사진을 찍고는 모두 사장님께 보고한다고 했다. 최인걸은 생각했다. '아, 내가 유격장에 잘못 온 것이 아닐까? 이것이 일본 연수의 진정한 의미인가?'

다음 날, 마치 군대처럼 아침 체조와 구보를 한 후, 어제 받은 모랄 훈련을 30분간 또 실시했다. 이후 강의실에 모여서 TPS 이론 교육을 받았다. TPS교육은 일본 강사가 말하면, 최 팀장이 통역을 했다. 그리고 도요타 협력 업체 A社의 공장을 견학했다. 도요타도 아니고 도요타 협력사를 가다니 이게 뭐람. 근데 A社는 엄청난 규모의 공장이어서 모두 놀랐다. 즉, A社는 도요타 자동차를 OEM으로 생산하는 완제품 공장 협력 업체였다. 차량은 소방차, 앰뷸런스 등 특수 차를 위주로 제작하고 있었다. 이렇게 견학을 마치고, 석식 후에 최고성 팀장은 조원들을 강의실로 집합시켰다. 모두 저녁에는 휴식을 취해야 하는데 왜 강의실로 다시 오지? 하고 의아해했다. TPS 연수에는 참가자가 모르는 세 가지 룰이 있었다. 하다못해 먼저 갔다 온 사람들에게도 이러한 사항을 철저히 함구시켰다.

1. 개인 프로젝트: 본인 업무의 문제점과 개선점을 만화로 12개

를 그려서 매일 제출

2. 팀 프로젝트: 3인 1조로 회사의 혁신 과제를 선정 후 TPS 방식으로 마지막 날에 개선안 발표

3. 상기 내용에 대하여, 귀국 후 차기 조에 일체 함구할 것, 누설자 엄벌(사장님 지시, 서약서 제출)

혁신하기 위해 왔으므로, 개인과 팀이 혁신 활동을 의무적으로 하라는 것이다. 최인걸은 미칠 것 같았다. 이러려고 일본에 왔나 하는 자괴감이 들었다. 특히 업무 개선점을 매일같이 12개나 찾아서 만화로 표현하다니, 글도 아니고 그림으로 표현하라는 것은 너무 가혹했다. 하루에 12개씩을 꼬박 그려서 제출했다. 새벽 3시까지 그림 숙제를 하느라 잠을 잘 수 없었다. 내 업무에서 개선할 것이 무엇일까? 낮에 보았던 A社의 라인을 생각해보니, 몇 가지가 더 생각이 났다. 머리를 짜냈다. 아, 혁신은 힘들다. 새벽까지 이 고생을 하다 보니 낮에 견학을 하게 되면, 생각나는 아이디어를 놓칠까 봐 아예 밑그림을 재빠르게 그리는 버릇이 생길 정도였다. 그런데 신기하게도 그림을 그리다 보니 문제점과 개선점이 선명해짐을 느꼈다.

다음 날. 3일 차. 협력 업체 B社에 갔다. 그곳에는 직원들이 물 흐르듯이 일하고 있었다. U-라인은 작업자를 마치 음악에 맞춰 춤을

추듯이 움직이게 하였다. 그 모습을 보고 전기반장은 놀라움을 금치 못했다. "최 주임, 우리는 저렇게 일 못 해. 저렇게 일하면 몸살이 날 거야. 행여나 귀국 후에 요구하지 마소." B社는 철저한 간판 시스템으로 물류가 이동되었다. 최인걸은 말로만 듣던 간판을 보니 감회가 새로웠다. 저녁에는 새벽 3시까지 혁신과제를 수행했다. 전기반장은 거의 울먹이며 말했다. "최 주임, 사케 같이 먹자고 했는데, 우리가 이게 뭔가요? 사케는 커녕 삐루(Beer) 한잔도 못 하니 원~." 최인걸도 거들었다. "그러게요. 차라리 우리나라에서 교육을 받으면 될 것을, 일본까지 와서 엄청나게 고생하네요." 그림을 그려가면서, 대화를 이어갔다. "반장님, 소스 하나 줘봐요. 현장에 개선할 것이 뭐 없나? 미치겠네." 전기반장은 손으로 종이를 슬쩍 가리면서 말했다. "오호~ 최 주임이 나에게 부탁할 때도 있고, 혁신에 귀천 없네. 그래도 커닝은 안 되지. 아무튼 조립반 공구 정리대에 공구 모양으로 표시해놓는 것. 3정5S 말인데 그거 어때요? 아까 B社에 가니까, 잘 비치되어 있더구먼." 최인걸은 무릎을 쳤다. "아, 그 말을 왜 지금 해줍니까? 아무튼 고맙습니다. 어? 벌써 새벽 세 시네. 두 개 더 채워야 하는데, 얼른 그려야지." 몸은 힘들지만, 차츰 재미를 느꼈다. 형편없던 그림 실력도 차츰 나아지고 있었다. 대화를 하다 보니 표현력도 상승했는데, 상대방을 이해시켜야 하기에 쉽고 편하게 작성하는 스킬이 늘었다.

4일 차. 발표회. 참석자 전원이 그동안 보고 느낀 만화를 OHP로 떠서 발표가 시작되었다. 일본인 컨설턴트들이 채점을 했다. 흡족해하는 모습이다. 아울러 팀 발표도 진행했다. 조원들도 마음이 뿌듯했다. 4박 5일 연수 기간 동안 개인별로 약 40장의 문제 및 개선점을 그림으로 표현하여 발표하다니, 자기 자신이 대단하게 느껴졌다. '아, 혁신에 불가능이란 없구나.'

5일 차. 이제 출국 날. 마지막 날에는 나고야(名古屋城)성에 갔다. 최인걸은 나고야성을 둘러싸고 있는 수로를 내려다보며, 혁신을 곱씹어 생각했다. 300년 전 '도쿠가와 이에야스'는 성을 축조하면서 무슨 생각을 했을까? 아무도 침범하지 못할 성을 만들고자 하지 않았을까? 몽골의 칭기즈칸이 한 말도 생각했다. **"성을 쌓는 자는 망하고 길을 내는 자는 흥한다."** 성을 쌓는 자는 외부의 혁신을 받아들이지 않음으로써 스스로 멸망한다는 교훈이었다. 우리도 그랬다. 도요타는 거대한 자동화 시스템으로 차량을 대량생산하기에, 수주생산하는 우리 공장에서는 애당초 배울 것이 없다고 생각했고 스스로 '고립의 성'을 쌓았다. 그러나 막상 일본 연수에 와서 본 도요타는 대량생산이 아니라 혼류생산(混流生産)이었다. 소방차만 줄곧 나오는 것이 아니라, 한 라인에서 ① 소방차-② 앰뷸런스-③ 경찰차④ 사다리차가 혼재되어 생산되고 있었다. 모든 자재-생산의 시스템이 고도화되지 않고서는 도저히 나올 수 없는 아웃풋이었다. 수주 오더의 개념을 뛰어넘는 선진화된 생산 방식을 직접 보고서야 깨달을 수 있었다. 사장이 최인걸을 성 밖으로 나오도록 이끌어준 것이다.

이후 최인걸은 공장에 돌아와서 혁신 활동의 주축이 되었다. 그는 우선 도요타 생산 방식에 대하여 5권의 도서 발제와 더불어 리포트를 작성하여 사내에 발표했다. TPS의 기법 정리, 원가 Mind, 7대 낭비, 추진 개념도, TPS Tool(평준화 생산, Push-pull, 간판, 인변 자동화, Fool Proof) 등을 정리하였다. 현장의 혁신 활동을 주도했고, 의식 개혁을 위한 전달교육을 실시했다. 최인걸이 다녀온 이후에도 일본 연수는 계속되었다. 결국 총 150명이 일본에 다녀왔다. 왜 그렇게 많은 비용을 감수하고 일본에 보내준 것일까? 지금의 최인걸 상무는 30년된 회사를 보면서, 그 답을 서서히 알아가고 있다. 그랬구나. 그래서 보내준 것이구나. 바로 매일같이 변화를 위해서 혁신해야 하기 때문이다. 혁신은 가죽을 벗겨내는 엄청난 고통을 수반한다. 감내한 그고통이 결국 조직과 개인이 장기간 성장할 수 있는 내공이 된다. 그내공으로 회사가 30년을 장수할 수 있는 것이다. 지금이 가장 힘들다면 혁신을 시작해야 한다. 가장 잘나가고 있어도 지금이 혁신할 때이다.

Deep
Automation
Way

Clean 환경 구축
5S 활동의 가속화
환경의 날(수요일) ▼

Environment

평준화 혼류생산
범용화: 신속 교체
다기능공 밸런스
공정 연결 향상(Timing) ▼

Safety

Delivery

100% 양품화
Error Proof
작업 표준, 품질 공정
고품질 공정능력 설비 ▼

Cost

▲ 안전한 작업 환경
정품, 정량, 정위치
안전보건 메뉴얼 준수
EMS 시스템 정비

Quality

▲ 저비용, 수요균형 설비
多공정 보유 라인
U-Line, 다기능공
라인밸러스 100%

10

3정5S 혁신

기업의 강함은 변화에 대한 수용 능력에 비례한다

기업 활동은 생명과 같아서 성장하기도 쇠락하기도 한다. 변화하지 않는 기업의 경우, 영업력에 관계없이 어려움을 겪다가 결국 사라진다. 2000년. 최인걸은 이제 대리가 되었고, 작년에 TPS 일본 연수를 다녀온 이후 제조 현장에는 혁신의 붐이 일어났다. 우선 3정5S가 가장 먼저 이슈가 되었다. 여기서 '3정'은 정품, 정량, 정위치를 의미하고, 정리, 정돈, 청소, 청결, 습관화의 일본식 발음의 영어 이니셜이 모두 S인 것에서 따와서 '5S'라고 명명한 것이다. 눈으로 보는 관리를 기본명제로 삼고, 사무실이나 작업장의 불필요한 것을 제거하고 과잉 낭비가 발생하지 않도록 관리하여 쾌적하고 안전한 환경을 조성하는 것이 목적이다.

먼저, 공장장은 팀장들을 공장 마당에 집합시켰다. 최인걸은 혁신 간사로 참석했다. 공장장 나전진 이사는 큰 소리로 말문을 열었다. "모두 아시겠지만, 회사의 혁신 활동 측면에서 3정5S를 진행합니다. TPS를 다녀왔으니까 3정5S를 모르시는 분은 없겠지요? 전원 혁신 활동에 적극적으로 참여하고, 안전하고 클린한 공장을 만들어서 생산성을 2배 이상 증진하도록 합시다. 주관팀장은 생산팀장이 맡고, 최인걸 대리가 주무간사로서 현장의 혁신 활동을 진행하기 바랍니다. 먼저, 향후 혁신 활동에 대하여, 생산팀장이 설명해주세요." 생산팀장이 나섰다. "금번 3정5S 활동에 대하여 말씀드리겠습니다. 우선 action plan부터 말씀드리겠습니다. 내일 아침에는 적찰 활동을 진행하겠습니다. 팀장 전원이 함께 패트롤을 돌면서, 공장 내에 불필요한 물건에 대하여 준비된 패찰을 부착하도록 하겠습니다. 노란색 스티커는 적합한 장소로 단순히 이동해야 함을 의미하고, 적색 패찰을 부착한 것은 폐기용으로서 우선 공장 마당으로 집결시키도록 하겠습니다. 패찰 부착 리스트를 작성하고, 공장 마당에 하루 동안 전시를 하겠습니다. 질문 있습니까?"

공무팀장은 불만이 많았다. "거 뭐 그렇게 복잡하게 합니까? 그냥 지저분한 것은 내일 아침에 곧바로 정리하면 되지 않습니까?" 그는 공장의 utility를 관할하고 있었기에, 공장의 구석구석을 보게 되면 불필요한 작업대, 공구, 지그 등이 발견될 것이고, 그 질책을 받을 것을 내심 걱정하고 있었다. 자재팀장도 옆에서 거들었다. "맞습니다. 저도 공무팀장 말씀에 동의합니다. 공장에 지저분한 것을 마당도 좁은데 굳이 하루 동안 놔둘 이유는 없다고 생각합니다. 제품도 매일같이 출하해야 하는데, 뭐 하러 공장 바닥의 부가가치를 떨어뜨려야 하는지 모르겠습니다. 곧바로 버려버립시다." 생산기술팀장도 한목소리를 높였다. "지금 라인이 정신없이 생산 중이고, 특히 오토포장 라인에 지속적인 문제가 있어서 제가 현장에서 자리를 비우기 어렵습니다. 저는 좀 열외로 해주셨으면 합니다." 품질팀장도 도망가는 어투이다. "저는 혁신 활동에는 적극 동의합니다만, 지금은 수주량이 너무 많습니다. 이런 상황에서 혁신 활동을 진행하다 보면 그곳에 신경을 써야 하기 때문에 품질에 문제가 발생하지 않을까 우려됩니다." 생산팀장은 기가 막혔다. 혁신에 대한 불신이 팽배했기 때문이었다. 다시 공무팀장이 볼멘소리로 말을 이었다. "도요타와 우리는 여러 가지 상황이 다릅니다. 우리가 대량생산도 라인생산도 아닌데 그들을 따라 해야 한다는 법칙은 없지 않습니까? 안 그렇습니까?" 몇 명의 팀장들이 고개를 끄덕였다. 혁신 활동을 시작하기도 전에 난관에 부딪친 것이다. 생산기술팀장이 쐐기를 박으려고 했다. "지금은 정신이 없어요. 지난달 대비 두 배의 물량을 소화하고 있습니다. 라인에서는 쉴 새가 없을 정도로 바쁘게 돌아가는데, 작업자들에게 혁신 활동을 얘기하면 통하겠습니까? 혁신도 어느 정도 여유가 있을 때 하는 것 아닙니까? 생산팀장님은 현장에도 안 가보고 이런 캠페인을 기획하신 것은 아닌지요? 참으로 답답합니다." 자재팀장도 공장장이 볼까 두려워, 고개 숙이고 얘기했다. "바쁘지 않을 때 합시다!"

팀장들이 단체로 혁신 활동을 거부했다. 참 난감한 일이었다. 그러던 중 공장장이 말문을 열었다. "생산기술팀장, 많이 바쁩니까?" 생산기술팀장은 멍한 눈으로 공장장을 바라봤다. "네? 아 네. 공장장님, 아시다시피 현장이 지금 너무 정신이 없습니다." 공장장은 추상같은 눈빛으로 질문했다. "그런다고 생산기술팀장은 화장실에 안 갑니까?" 황당한 질문에 생산기술팀장은 답변을 이었다. "네? 화장실, 화장실 말입니까? 그거야 당연히 가야지요." 이번에는 자재팀장을 바라보며 공장장이 물었다. "자재팀장, 당신은 삼시 세끼 밥은 먹습니까?" 자재팀장도 답변했다. "네? 아… 네, 밥은 먹습니다. 저녁에 야근도 많아서 요즘에는 네 끼를 먹을 정도입니다. 헤헤." 공장장은 단호하게 한마디를 던졌다. "바쁜데도 밥 먹고 화장실을 가는데, 혁신은 왜 안 합니까? 앞으로도 안 할 겁니까?" 쿵. 모두 말이 없었다. 생산기술팀장과 자재과장은 고개를 떨구었고, 품질팀장은 열심히 무언가를 받아 적는 척했다. 공장장은 말을 이었다. "여러분이 무엇을 말하고 싶은지는 알겠습니다. 하지만 왜 그토록 바쁜 삼성이 '핸드폰 화형식'을 했겠습니까? 500억 원의 쓰레기 같은 제품이 시장에 팔려나간 것에 대한 자성(自省) 아닙니까? 바쁘면 굶어야지 혁신을 하지 않겠다는 것이 말이나 됩니까? 앞으로 혁신은 밥과 화장실보다 우선순위라는 것을 여러분 머릿속에 명확히 집어넣으세요. 그리고 혁신 활동을 등한시하는 팀장은 내가 인사평가와 연계시키도록 하겠습니다. 모두 알겠습니까? (전원 침묵) 왜 대답이 없습니까? 알겠습니까?" 공장장의 한마디에 상황이 종료되었다.

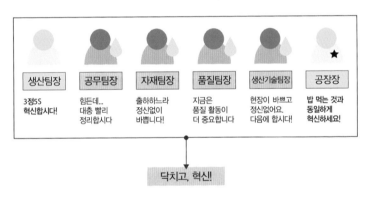

생산팀장	공무팀장	자재팀장	품질팀장	생산기술팀장	공장장
3정5S 혁신합시다!	힘든데... 대충 빨리 정리합시다	출하하느라 정신없이 바쁩니다!	지금은 품질 활동이 더 중요합니다	현장이 바쁘고 정신없어요. 다음에 합시다!	밥 먹는 것과 동일하게 혁신하세요!

닥치고, 혁신!

3정	
정품	규격에 적합한 재료나 부품을 사용하는 것
정량	정해진 양만 사용 또는 보관하는 것
정위치	물품이나 공구를 사용한 후 제자리로 옮겨놓는 것

5S	
정리	필요 없는 것을 버림
정돈	필요한 것을 명시
청소	항상 깨끗이 관리
청결	청소 상태를 유지
습관	습관화 유지

자재팀장과 공무팀장은 동년배로서 친구처럼 지내는 사이였다. 최인걸과 함께 투덜거리며 담배를 피웠다. 공무팀장이 화두를 꺼냈다. "야, 이게 말이 되냐? 밥과 화장실. 그게 어떻게 3정 거 뭐냐, 5S인지와 동급이라는 말이냐? 공장장님도 참 너무하시네. 일도 바빠 죽겠는데 어떻게 정리정돈을 하냐고. 이해가 되냐?" 자재팀장도 길게 연기를 내며 거들었다. "그러게 말이다. 야, 그렇다고 정면으로 안 하겠다고 하는 것은 자네도 좀 너무했어. 그냥 '예스.' 하면 될 것을 말이야. 야, 최인걸 안 그러냐?" 공무팀장은 서둘러 담배를 끄면서 말했다. "야, 나 간다. 그나저나 공무창고 정리를 오늘 다 해놔야 해. 젠장." 자재팀장도 일어섰다. "아, 창고 얘기하니까 나도 답답하다. 자재창고도 다 정리해야 해. 미치겠어. 오늘 출하도 많은데 날밤까게 생겼다. 저녁에 출하만 하고, 소주나 하려 했드만. 인걸아, 혁신 좀 살살 해. 알았지?" 말이 많았던 공장의 하루가 지나갔다. 각 팀장들은 혁신 활동에 많은 고민이 생겼다. 그래도 공장장 엄명이 있으므로 어찌할 수 없이 따라야 했다.

다음 날이 되었다. 아침 8시에 3정5S 킥오프 미팅이 시작되었다. 먼저 공장장의 격려 말씀이 있었다. 그리고 한국생산성본부 최고성 팀장의 '모랄 교육'과 '3정5S 교육'이 순서대로 진행되었다. 모두 혁신 활동에 대한 의지를 높이기 위한 일환이었지만, 팀장들은 마지못

해 참석한 터라 미온적인 반응을 보였다. 컨설턴트 교육이 끝나고, 모두 자리에서 일어섰다. 생산팀장이 적찰 활동 시작을 알렸다. "자, 이제부터 공장 구석구석 적찰 활동을 시작하겠습니다. 각 팀장께서는 2인1조로 진행하세요. 적찰의 '적(赤)'은 붉은색을 의미합니다. 즉, 붉은 스티커는 불용품에 부착하시고, 노란 스티커는 이동이 필요한 것에 부착 바랍니다. 다른 한 분은 불용품 체크시트에 불용 내용을 꼼꼼히 기재해주세요. 지금부터 구역별로 2시간 동안 적찰 활동을 시작합니다. 아시겠습니까? 적찰 활동 개시!" 모두 1층 현장으로 내려갔다. 불용품에 스티커를 부착하는 적찰 활동이 시작된 것이다. 각 팀장은 처음에는 시큰둥하고 설렁설렁했다. 그런데 관리 본성이 있어서 그런지, 점점 현장을 면밀히 살피기 시작했다. 공장의 벽면에 세워놓은 각종 철판류, 기계류 앞에 놓인 지그들, 그런 지그 중에 잘 사용하지 않아서 이미 녹슨 것, 현장에서 공구 적치대에 있는 것 중에서 사용이 불가한 공구, 자주 사용하지 않는 정반 같은 설비류, 자재창고에서 발견된 몇 년째 출고되지 않는 자재류, 공무창고에 사용하지 않는 각종 tool. 머신 30종 중에서 공장의 제일 구석에 있던 롤링머신은 먼지가 그득한 그야말로 골동품이었다. 각 팀장은 특히 다른 팀장의 관리 부분을 철저히 확인했다. 자재팀장은 공무창고를, 생산기술팀장은 자재창고를, 공무팀장은 생산 현장의 골동품들을 매섭게 확인했다. 처음에는 넘어갑시다, 좀 봐주면서 합시다, 하던 약속들은 이제는 어디로 모두 날려버리고, 매의 눈으로 적찰을 실시하였다. 현장의 반장들은 느닷없이 들이닥친 감시자들로 인해 멘붕이 되었고, 팀장들은 2인 1조로 신속하게 적찰과 함께 체크시트에 기재하고 사진을 찍었다. 적찰 스티커는 한 번 부착하면, 마치 차압 딱지처럼 절대 건드리지 못하게 했다. 은폐하거나 이동하는 행위는 곧바로 문책하겠다고 미리 공지한 터였다.

"야 뭐 공무창고가 이건 거대한 쓰레기통이구만!" 자재팀장은 볼펜을 굴리며 말했다. "아, 자재창고도 만만치 않습니다. 뭐 자재보다 불용품이 더 많아요." 생산기술팀장이 얘기하자, "거 무슨 말씀을 그렇게 하십니까? 그럴 리가 없어요. 어제 제가 다 정리했어요." 다급한 자재팀장이 말했다. "이 체크시트 보십시오. 여기 보세요. 자재창고 2층에 마대 자루에 잔뜩 들어 있던 오뚝이 볼트 말입니다. 지금은 사용할 수 없는 타입이에요. 이거 어디에 쓰시겠습니까?" 생산기술팀장이 묻자, "아, 그건 10년 전부터 내려오던 겁니다. 제가 아니라 제 고참이 실수로 발주를 낸 것인데, 왜 제가 욕을 먹어야 합니까? 그리고 그것은 지금 재고에 포함된 것입니다. 이렇게 불용으로 처리하면 손실금이 발생합니다. 이건 회사를 위해서도 아니지요." 공무팀장이 웃으며 말했다. "야, 아니고 말고는 공장장님이 판단하셔. 뭘 그렇게 말이 많아? 자재팀장, 어여 가서 일 봐." 자재팀장이 히죽거렸다. "헤헤. 이 사람아, 공무창고도 2층에 STS 쫄대 3m짜리가 200개나 있던데, 이거 한 20년은 족히 되어 보인다. 헤헤." 공무팀장은 화가 나서 소리 질렀다. "뭐? 그건 내 것이 아니야, 원래 자재창고에 있던 것 아닌가? 너가 옮겼냐?" 자재팀장도 소리 질렀다. "뭐라구? 어디서 뒤집어씌우려 그래?" 팀장들이 서로 다툴 정도로 적찰 활동에 열을 올렸고, 2시간이 지난 후 마무리되었다.

최인걸은 공장의 마당에 두 개의 불용품 깃발을 준비했다. 한쪽은 '(A) 불용품 이동'이고, 다른 한쪽의 깃발에는 '(B) 불용품 폐기'라고 적혀 있었다. 생산팀장은 팀장들을 불러 모으고 얘기했다. "자, 불용품들을 모두 확인했지요? 어떻습니까? 많이 나왔습니까? 우리 자재팀장님은 얼마나 확인했습니까?" 자재팀장은 신이 나서 얘기했다. "네, 엄청 확인했습니다. 하나, 둘, 음~ 뭐, 공무창고만 33개의 스티커를 발부했습니다." 순식간에 공무팀장의 얼굴이 벌게졌지만 의기양양하게 말했다. "저도 생산 현장에서 총 50개의 딱지를 붙였습니다." 생산팀장은 매우 당황한 얼굴로 어금니를 꽉 물었다. "하하. 생각보다 매우 유익하고 재미있습니다. 한 시간만 더 했으면 좋겠습니다." 생산기술팀장이 말하자, "오랜만에 구석구석을 전부 살피면서 잘 찾아냈습니다. 속이 후련합니다." 하고 품질팀장도 웃으면서 한마디 했다. 생산팀장이 총체적인 정리를 했다. "자, 지금이 11시입니다. 최 대리! 현장에 지시하여 적찰 불용품을 14시까지 공장 마당에 꺼내놓도록 해라. 노란색 불용품은 (A) 불용품 이동 깃발의 뒤편에 놓고, 적색 불용품은 (B) 불용품 폐기 깃발의 뒤편에 이동시키도록 할 것. 알았지?" 14시. 공장 마당에 불용품이 나왔다. 놀랍게도 공장 마당의 3분의 2를 차지하는 물량이었다. 이렇게 많은 불용품이 공장 안에 있었다니? 그 규모와 내용이 너무 놀랐다. 공장에서 빠져나오는 불용품들을 점심시간에 식당으로 가는 길에 전원이 보게 되었다. 심각한 수준의 불용품들이 쏟아져 나왔다. 반장들도 기가 찬다고 웅성거렸다. 최인걸이 리스트로 모두 정리해보니 불용품이 500개 나왔다. 사소한 볼트부터 롤링머신같이 거대한 기계도 있었다. 생산팀장은 공장장께 그 자리에서 체크리스트와 불용품이 산더미처럼 쌓인 현물을 보고했다. 공장장은 혀를 찼다. **"내가 짐작은 했지만, 이 정도인 줄은 몰랐습니다. 지금 전원을 공장 마당에 집결시키세요."** 공장 내 반장을 비롯한 작업자들, 2층 사무실의 관리자 및 여직원들, 연구소의 직원까지 전원 공장 마당에 집합했다. 나전진 공장장은 비장하게 말했다. **"오늘부터 내일까지 이틀 동안 전시를 합니다. 내일 16시부터 (A) 불용품 이동 깃발 뒤에 있는 불용품들은 적합한 위치로 이동시키기 바랍니다. 그리고 각 팀장은 각자 본인의 (B) 불용품 폐기분 중 꼭 필요한 것에 대하여, 생산팀장에게 사유를 설명하고 체크시트에서 제외 후 이동을 실시하세요. 생산**

팀장은 폐기해야 하는데도, 정당한 이유 없이 이동을 고집하는 팀장은 나에게 보고하세요. 본 적찰 활동으로 여러분에게 문책을 하지는 않을 것입니다만, 앞으로 또 이런 불용품이 나온다면 가만히 놔두지 않겠습니다. 최인걸 대리, 공장 게시판에 3정5S 활동 내용을 관리하고, 특히 오늘 적찰 활동에 대한 사진을 모두 공지하도록 해. 알았지?" 공장장은 2층으로 올라갔다. 공장의 모든 인원은 불용품으로 몰려들었다. 혹시나 재사용할 것이 없나 확인하기 위해서였다. 연구소에서도 관심을 가졌다. 본인들이 없는 부품, 지그 등을 잘 살펴보면 손쉽게 구할 수 있기 때문이다. 연구팀장이 자재팀장에게 물었다. "자재팀장님, 이 듀얼모터 안 쓰시죠? 이거 구형 모델에 쓰던 건데 지금은 사용 안 하시잖아요? 저 좀 주세요. 마침 데모 제품으로 우리 팀에서 연구할 것이 있습니다." 평상시 같으면 자재팀장에게 어림도 없는 얘기였다. 그렇지만 그는 환하게 웃으면서, "예, 어서 가져가세요. 저는 괜찮습니다. 그렇지만 연구소에서 가져간다고 생산팀장께는 꼭 말씀해주시고요. 저야 제 관리 범위 내에서 불용품이 줄어들어 좋지요, 뭐. 허허허." 이런저런 아수라장의 하루가 지나고, 다음 날이 되었다. 총 불용품 500개 중, (A) 이동용 불용품(노란색)이 300개, (B) 폐기용 불용품(적색)이 200개로 조율되었다. 16시가 되자, (A) 이동용 불용품을 필요장소로 이동시켰다. 18시에는 (B) 폐기용 불용품을 고철상에 넘겼다. 공장 마당이 그야말로 깨끗해졌다. 공장 내부에도 불용품이 없어졌다. 이제부터 본격적인 3정5S 활동이 시작된 것이다.

그 이후로, 최인걸 대리는 타이트한 3정5S 혁신 활동을 주도했다. 우선, 현장에서 반별로 분임조 활동을 실시했다. 매주 잔업이 없는 수요일에 반장들과 함께 클린한 현장을 만들기 위해 워크숍을 진행했고, 반장들이 암묵지를 형식지로 도출하는 혁신 활동과 그에 따른 유무형 효과를 산출하였다. 정리정돈만 잘해도, 그 효과가 연간 2억이 집계되었다. 즉각적인 절감은 아니지만, 현장이 정리정돈이 되면서 직원들의 의식 개혁에 상당한 영향을 미쳤다.

기업의 강함은 변화의 수용능력에 비례한다. 사실 3정5S 활동을 시작할 때 팀장들은 주저하고 싫어했다. 그러나 막상 혁신을 시작하자 팀장들이 열의를 갖고 진행하게 되었다. 혁신 활동의 시작에 전부 방관적인 태도로 일관했다면 공장은 어떠했을까? 불용품으로 가득해 생산 공간이 줄어들고, 재고 보유로 인한 대손 비용이 증가했을 것이다. 혁신을 시작해보지도 못하고 끝났을 것이다. 이렇듯 혁신 활동은 시작이 중요하고, 그에 따른 성공 여부는 팀장급 리더의 의지에 따라 결정된다. 창의적 사고에는 깨끗한 책상이 필요하듯이, 항시 바닥이 깨끗하고 구획 정리가 잘되어 있는 공장은 안전사고가 없다. 모든 일의 시작은 정리정돈에서 시작한다. 그 정리된 base 위에 문제 해결과 혁신이 가속화되는 것이다.

11

사직서 & 아내

리더는 직원의 인생을 책임져야 한다

리더가 직원의 인생을 책임지려면, 그의 모든 것을 책임진다는 자세가 필요하다. 아울러 부하직원이 잘못하면 즉시 고쳐줘야 한다. 그것은 매우 가혹한 일이지만 리더의 책무이다. 딥오토메이션은 밀레니엄 시대, 2000년을 맞이했다. 생산팀 최인걸은 꿈 많은 대리였다. 어디선가 **"대리님."** 하고 부르면 뒤를 돌아보게 되는 직급. 대리는 조직에서는 중추적이면서 격무로 과부하에 시달리는 시기이다. 최인걸도 어느덧 공장에서 가장 많이 활동하는 사람이 되었다. 회사 일은 정말 끝이 없었다. 처리할 일이 너무 많아서, 공장의 작업관리, 공정관리, 부하관리, 일정관리, 원가관리, 공장지표 분석 등 어느 것 하나 소홀히 할 수가 없었으며, 중간관리자인 최인걸 대리의 승인 없이는 진행되는 일이 없을 정도였다. 최 대리 밑에는 2명의 신입사원밖에 없어서, 자연스럽게 그에게 많은 부하가 편중되었다. 직장 일은 문제가 없었으나 아내의 불만은 점차 쌓이기 시작했다.

어느 날 아내가 말했다. "이제 애도 있는데 당신은 매일 10시가 넘어서 오고 휴일도 없고, 무슨 회사가 이렇게 직원에 대한 배려가 없어요? 공장이라서 그런가? 왜 이렇게 일이 많은 건지 모르겠어요. 아니면 일을 모두 당신이 다 하나? 정말 이상해." 최인걸은 대수롭지 않게 말했다. "회사가 바빠서 그래. 일이 없는 것보다는 백배 낫지 뭐." 그러자 아내는 기다렸다는 듯이 불만을 쏟아냈다. "월급은 계속 동결 상태고, 애 분윳값도 간신히 내고 있는데 매일같이 잔업이고, 도대체 이런 불공평한 처사가 어디 있어요? 그렇다고 남보다 진급이 빠르기를 하나, 혜택이 더 있나?" 아내의 말은 틀리지 않았다. 당시 동기들과 비교했을 때도, 최 대리가 가장 많은 업무를 해냈다. 하지만 급여나 직급은 변함이 없었다. 생산직보다도 못했다. 어찌 보면 관리직이었기에 업무량 대비 손해를 보고 있었다. 생산직은 시급을 받음으로써, 잔업이나 특근 시 1.5~2.5배를 더 받았다. 생산직 급여가 관리자인 최인걸보다 훨씬 더 높았다. 다만 관리직은 급여가 적어도 향후 직급 상승의 기회가 주어졌다. 군대로 따지면 장교인 셈이다. 그렇지만 아내는 진급만 바라보고 살기에는 미래가 아득하게 멀게만 느껴졌고, 홀로 반복되는 가사와 육아에 힘겨워했다.

최인걸 또한 마찬가지였다. IMF에 따른 구조조정이 휩쓸고 지나간 이후라서, 보상은 없는 가운데 두 배 이상의 업무 부하가 그에게 집중되었다.

대리 한 명에 신입사원 둘이 전부였다. 최인걸은 신입을 데리고 A, B, C부터 가르치고 있었다. 답답했지만 어쩔 수 없었다. 아내는 말을 이었다. **"차라리 그만두고 장사를 합시다. 당신의 수완으로 못 하는 것이 있겠어요? 어디 떡볶이 장사라도 하면 먹고살 거예요. 포장마차라도 하나 냅시다. 직장 생활을 해도 계속 빚으로 살아가야 해서 미래가 없어요."** 아내는 음식 솜씨가 제법이었다. 회사 때려치우고 외식업을 하자는 과감한 제안을 하고 있는 것이었다. 최인걸은 일언지하에 거절했다. 무엇을 해도 먹고살지 못하겠는가? 그러나 지금은 때가 아니다. 지금 한창 회사에서 인정받고 잘나가는데 왜 포장마차를 한단 말인가? **"조금 더 봅시다. 좀 좋아지겠지."** 한숨을 쉬며 출근을 했다. 아내는 말이 없었다. 이후 아내의 우울증이 시작되었다.

그로부터 며칠이 지났다. 갑자기 회사에서 최인걸에게 3정5S 혁신 오더가 떨어졌다. 회사 일은 회사 일대로 하면서, 혁신 활동을 병행했다. 혁신 활동은 많은 업무를 부가적으로 해야 한다. 우선 분임조 활동과 함께 반별 게시판 지도와 교육을 진행해야 했다. 일정별로 불용품 확인, 적찰 활동, 불용품 폐기, 재활용 방안 등 숨 쉴 틈 없는 업무 진행이 부과되었다. 그러다 보니 퇴근이 더욱 늦어질 수밖에 없었다. 퇴근은 새벽에 들어가기 일쑤였다. 그러면서도 마지막까지 남아서 그날 출고해야 하는 제품을 챙겼다. 제품을 출고할 때 제품 출하서의 송장을 작성해서 상차를 하고 나면, 비로소 최인걸의 하루가 마무리되었다. 참으로 시간을 쪼개며 바쁜 일정을 보냈다. 아내가 점점 말이 없어졌다. 집에서는 대화가 없었다. 그도 그럴 것이 집에 오면 아내와 아이는 자고 있었다. 아내도 더 말하기 싫어했다. 최인걸은 조용히 들어가 씻고 자기 바빴다. 하숙집과 같았다. 그러던 어느 날, 새벽에 전화가 왔다. 당시 제2공장은 2교대 작업을 하고 있었는데 설비가 고장 났기 때문이었다. 내일까지 납품해야 하는 로봇Arm의 밀링 작업을 하지 못하게 되자, 작업자가 긴급으로 최인걸에게 전화를 한 것이었다. 전화를 받고 뛰쳐나가는 그에게 아내가 결국 울분을 토했다. "당신 회사에는 당신밖에 없어? 조금 전에 들어와 놓고, 다시 또 왜 나가? 당신만 이렇게 해야 돼? 이게 뭐야?"라며 주저앉았다. 그는 아내를 달래고 일어섰다. 새벽에 출근하는 발걸음이 무거웠다. 작업자가 이러지도 저러지도 못하고 기다리고 있었다. 작업자를 우선 퇴근시켰다. 그리고 그는 MC머신 앞에 앉았다. '아, 내가 무엇을 하고 있나? 무엇 때문에 이런 고생을 한단 말인가? 회사에 설비를 고치는 공무팀도 있고, 하다못해 내 밑에 애들도 있는데 내가 왜 이렇게 혼자

다 한단 말인가?'

집으로 돌아왔다. 사표를 썼다. 생전 처음 써보는 것이었다. 사표를 아침에 제출했다. 신해답 과장은 사표를 넣은 검은색 결재판을 보자마자 직감했다. '이 친구가 사고를 치는구나.' 그러고는 조용히 최인걸을 불렀다. 신 과장은 눈을 부릅뜨며 말했다. **"야, 최 대리! 이게 머당가?"** 사표라고 얘기하는 최인걸에게, **"뭐? 사표? 하~따. 자네 왜 그러는가? 이유는 내가 알겠어. 그런데 이게 정답은 아니야!"** 신해답 과장은 괄괄하고 직선적인 성격이었다. 그는 최인걸이 업무가 많다는 것을 알고 있었다. 그러나 신 과장도 때마침 공장의 ERP 전산 활동의 TF팀장을 맡고 있었기에 최인걸을 돌봐줄 시간이 전혀 없었다. 아니 훨씬 더 많고 힘든 직장 생활을 하고 있었다. **"최 대리, 이건 아니야. 이건 답이 아니야. 사표는 좀 더 생각해봐."**라고 하면서 사표를 본인의 책상에 집어넣었다. **"결재를 올려주십시오. 그리고 팀장님 결재를 받아주십시오. 저 이제 그만두겠습니다. 많은 생각을 했습니다. 쉴 새가 없습니다. 지금이 가장 힘든 시기인 것 같습니다."** 신 과장은 최인걸에게 커피를 타주며 말했다. **"최 대리, 당신 힘든 거 내가 잘 알아. 지금까지 어려웠던 거, 앞으로의 비전 등 모두 힘든 것 알아. 그래도 버텨야 돼. 자네도 공장장 한번 하겠다고 공장에 온 거잖아. 멀리 봐야 해."**

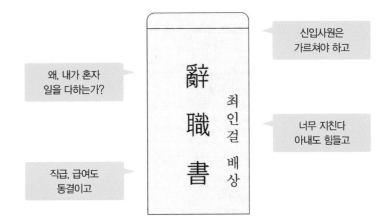

최인걸과 신 과장 모두 공장장이 꿈이었다. 특히 신 과장은 마음 속에 공장장이 이미 되어 있는 사람이었다. 업무 능력도 뛰어났지 만 무엇보다도 그릇이 컸다. 다혈질인 반면에 마음이 따뜻했고 직선 적인 어투에는 해결책이 준비되어 있었다. 역시 최인걸의 처지를 잘 이해하고 같은 심정의 경험이 있었다. 그날은 하루를 조용히 보냈 다. 반장들도, 그 누구도 더는 최 대리를 건드리지 않았다. 그가 힘들 어한다는 것은 인근에서 느껴질 정도였다. 저녁 무렵 퇴근하려고 하 는데, 아내에게서 전화가 왔다. 신 과장이 퇴근 무렵 식사 한 끼 하 자고 했다고 말했다. 최인걸이 뒤돌아보니 신 과장은 컴퓨터만 응시 할 뿐 아무런 말이 없었다.

저녁에 신 과장과 아내, 그리고 최인걸은 집 앞 감자탕집에서 만났다. 최인걸은 애를 보느라 그날 술을 마시지 않았다. 신 과장은 아내를 끊임없이 설득했다. 아내도 고집이 있었다. 우울증으로 인해 남편이 그 회사에 다니지 않게 하는 것에 필사적이었다. 그렇게 신 과장과 아내는 술을 마시기 시작했다. 소주가 각 1병, 2병 점점 늘어났다. 아내의 주량은 2병 정도이다. 이미 주량을 지났다. 신 과장도 술을 좋아했지만 더는 서로 무리였다. 6병을 마셨다. 아내는 그때까지도 남편의 사표 수리를 고수했다. 이윽고 8병을 마셨다. 각각 4병씩 마신 것이다. 믿기지 않는 주량이었다. 신 과장은 아직도 아내를 설득했다. **"아따~ 제수씨, 최 대리는 그만두면 안 됩니다잉. 나중에 회사의 재목감입니다. 이렇게 부탁을 드려요. 반드시 성공할 수 있는 사람입니다. 조금 더 지켜보시지요. 기회가 올 것입니다. 좀 더 지켜봅시다. 나도 잘할게요. 제수씨, 부탁합니다."** 결국에는 신 과장이 천신만고 끝에 아내를 설득했다. 소주 8병이 나뒹구는 가운데, 고참이 품었던 최인걸의 사표를 아내의 동의와 함께 찢어버렸다. 왜 신 과장은 최인걸의 아내를 그렇게 설득했을까?

최근에 최인걸 상무는 신해답 사장과 함께 소주 한잔했다(신 과장은 지금 협력사 사장임). **"최 상무 이 사람아, 그날 당신 사표 접으려고 소주를 물처럼 마셨는데잉, 소주가 4병을 먹으니까 더 이상 안 들어**

가서 나도 포기하려 했어. 그때 재수씨가 OK 해서 넘어갈 수 있었네. 나도 십 년 감수해부렀어. 재수씨도 술이 장난 아니지만, 필사적이었기 때문에 나도 각오를 단단히 하고 얘기했지. 그때를 잘 넘겨야 되네. 그래서 이렇게 걸출한 임원이 되었지 않았당가?" 껄껄 웃으며 신 사장이 말한다. 최인걸은 그때의 상황이 바로 앞에 있는 듯 생생한데, 내가 잘되고 못되고를 떠나서, 사표를 접기 위한 그분의 노력은 정말 잊을 수가 없다고 생각했다. 이후, 최인걸은 아까운 후배들이 힘겨워하며 사표를 낼 때는 적극 만류하고, 배우자를 설득하여 주저앉혀 팀장 등 핵심 인재로 성장시켰다. 그것이 고참의 책무라는 것을 신 과장을 통해 배웠기 때문이다.

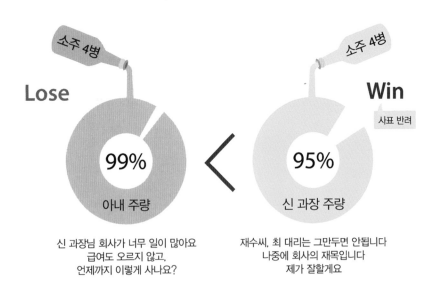

Lose

소주 4병

99%

아내 주량

신 과장님 회사가 너무 일이 많아요
급여도 오르지 않고,
언제까지 이렇게 사나요?

Win

소주 4병

사표 반려

95%

신 과장 주량

재수씨, 최 대리는 그만두면 안됩니다
나중에 회사의 재목입니다
제가 잘할게요

"직장은 전쟁터이지만, 나가면 지옥이야."라는 드라마 〈미생〉의 명언이 있다. 왜 직장에서 버텨야 한다고 말하는가? 어렵게 들어온 직장에서 한순간을 참지 못해 던지는 사표만큼 어리석은 짓도 없겠지만, 무엇보다 지옥에서도 버텨야 하는 내 실력이 미흡하다는 것을 고참들은 알기 때문이다. 협상에 능한 고참들은 퇴직에 대하여, 무엇보다도 배우자를 설득하는 것이 효과적임을 알고 있었다. 그렇게 해서라도 잡아놓고 사회에 나가기 전에, 지옥 훈련을 시켜주는 것이 본인의 소관이라고 생각했다. 리더는 부하의 인생까지도 책임질 줄 알아야 한다. 적어도 그러한 마음가짐으로 부하직원의 트레이닝에 임해야 한다. 내가 책임져야 할 부하들의 인생을 생각한다면, 그의 배우자에게 설득과 함께 소주 4병 정도는 거뜬히 마셔야 한다. 그만큼 그를 위해 가치 있는 일이기 때문이다.

12

도서 발제 영전
(圖書發題榮轉)

나는 준비할 것이다 그러면 언젠가 기회가 올 것이다

링컨은 중요한 일에는 언제나 '하루 전 준비 완료'되어 있었다고 한다. 기회는 준비된 자만이 얻는 것이다. 2002년 대리 2년 차가 된 최인걸은 여전히 정신없이 바빴다. 그런 와중에 다음 달 주제 발표 자로 선정되었다. 공장에서 매월 첫째 주 월요일에 공장 조회가 있었는데, 격월로는 본사에서 사장이 와 덕담을 했고 직원은 한 명씩 주제 발표를 하곤 했다. 주제 발표 내용은 약 10분간 본인의 직무와 관련된 리포트나 도서를 발표했다. 공장에서는 주로 연구직이 수행했다. 최인걸은 이 발표를 무척 고대했다. 그는 사장에게 자신을 알릴 좋은 기회라고 판단했다. 그런데 그의 동기들은 비아냥거리며 얘기했다. "니 미쳤나? 모 할라꼬 발표를 할라카노? 니가 국회의원이가? 그기는 연구하는 아들이나 하는 기다. 니가 발표할 꺼리가 어데가 있노?" 사실 최인걸도 그렇게 생각했다. 생산에 있는 내가 뭘 발표할 것인가? 생산에서 용접 불꽃이 튀고, 도장 공정에 사람이 부족하면 달려가서 건조 부스 안의 도장물을 꺼내주던 내 주제에 말이다. 다른 동기가 거들었다. "야 최 대리, 출세하려면 고과를 잘 받아부러. 괜한 헛고생하지 말고. 막말로 우리 같은 공장 것들을 사장님이 거들떠나 보겠냐? 우리 이름은커녕, 얼굴도 기억 못 할 것잉께. 때 되면 진급허고, 어차피 우리는 공장에 한번 발 담궜으니께 저 담벼락을 벗어나지 못하네. 벗어나면 뭣 할 것인가? 영업을 할 것인가? 기획을 할 것인가? 숫자 놀음(회계)을 하겠는가? 우리 같은 공돌이들은 기름밥 먹고 성장해야제." 사실 발표를 잘한다고 사장이 나를 알아보겠는가? 최인걸은 생각했다. 또한, 알면 뭐 하겠는가? 어차피 공장에서 꼬질꼬질한 작업복을 입고 현장에 부리나케 돌아다니는 생산관리가 주 업무인데.

그렇지만 최인걸은 세 가지 차원에서 동기들과 생각이 달랐다.
첫째, 공장 인원도 엘리트라는 인식이 있었다. 우선, 공장에도 유능한 인력이 많았다. 기술력과 관리 능력이 우수했고 보수적이며 행동감이 있었다. 공장에서 배출된 인원들은 행동 위주의 전략과 함께 로열티를 보유하고 있다고 생각했다.
둘째, 공장 인원도 본사 전근이 가능하다고 생각했다. 공장에서 설계나 관리만 평생 해야 하는가? 본사 동기들과 업무수행 능력을 비교해보아도 최인걸은 앞선 주자라고 판단했다.

셋째, 공장 일상이 지루하고, 본사에 호기심이 생겼다. 공장은 일 단 근무시간이 길었다. 제품이 모두 출고된 후에 퇴근할 수 있었다. 게다가 7개의 생산반이 모두 퇴근할 때까지 퇴근할 수 없었다. 제일 마지막 반의 퇴근 시간이 최인걸의 퇴근 시간이었다. 현장에서 발생 하는 사고, 문의, 정리 등 각종 이슈를 그때그때 해결해주어야 했다. 쳇바퀴 같은 삶, 이런 삶의 밖에도 과연 무언가가 있을까 하는 호기심 이 들었다.

그래서 최인걸은 주제 발표를 잘 준비하고 싶었다. '타인과 다른 전략으로 사장의 눈에 띄도록 해야지.'라고 생각했다. 그런데 쉽지 않은 일이었다. 우선 무엇을 발표할 것인지 전혀 감 잡을 수 없었다. 생산성 향상 리포트를 작성해야 하나? 아니면, 책을 정리할까? 고민 하는 사이에 조회가 일주일 앞으로 성큼 다가섰다. 어느 날 고민하 는 최인걸을 나전진 공장장이 불러서 《우리는 기적이라 말하지 않 는다》(서두칠 著)라는 책을 한 권 주었다. "최 대리, 자네가 이번 조회 에 주제 발표 대상이지? 이 책을 정리해보는 게 어때? 얼마 전 사장 님이 읽고 직원들에게 권독하는 책이라네. 내가 어제 본사에 갔는데 한 권 주셨어. 공장 전원에게 읽히라고 말이야." 순간 최인걸의 머릿

속에 번쩍하고 스파크가 일었다. 혹시 사장님이 공장에 있는 인원들에게 무엇인가 하고 싶은 말이 있는데, 이 책은 족집게 같은 역할을 하지 않았을까? 그는 밤새워 책을 읽었다. 처음에는 의도적으로 정리 위주로 속독하려 했으나, 읽다 보니 상당히 재미가 있었다. 줄거리는 서두칠 사장이 한국전기초자를 기적적으로 살려내는, 망해가던 회사를 여러 혁신과 함께 흑자로 일궈내는 내용이었다. 한마디로 산소호흡으로만 의지하던 환자에게 서두칠이라는 명의가 투입되어 환자의 의지를 북돋고 단기간에 병을 완쾌시키는 그런 내용이었다. 감동 그 자체였다. 다음 날 최인걸은 도서를 정리하기 시작했다. 어떻게 정리할까? 사실 그동안 주제 발표를 하는 인원들은 서서 독후감을 그냥 읽었다. 그러다 보니, 집중력도 없고 웅얼웅얼 무슨 말을 하는지, 스토리가 어떤 것인지 전혀 알 수가 없었다. 화자와 청자가 모두 답답했지만 발표 후에는 그냥 의무감에 박수를 쳤다. 그런 주제 발표는 사장에게 어떠한 화두도 던질 수 없었다. 주제 발표 이후, 사장이 덕담할 때 말할 수 있는 화두, 그것이 필요했다. 최인걸은 정식으로 PPT 리포트를 만들었다. 우선 줄거리를 박스와 도표로 보기 좋게 꾸몄다. ① 서론, ② 본론, ③ 결론을 나누어서 청자의 생각 정리를 도왔다. 그리고 키포인트인 서두칠 사장이 썼던 ④ 전략 5가지를 별도로 정리하였다. ⑤ 소감문을 한 장 정리하고, ⑥ 우리 모두 본받아야 할 방향을 마지막에 첨부하였다.

마침내 발표일. 사장이 참석했고 조회가 시작되었다. 공장의 실적이 발표되었는데 좋지 않았다. 사장의 기분도 썩 좋아 보이지 않았다. 주제 발표가 시작되었다. 최인걸은 강단에 섰다. 당시에 386 컴퓨터로는 잘 쓰지 않는 파워포인트로 공장에 하나뿐인 빔프로젝터를 사용해 PT를 하기 시작했다. 공장의 모든 생산직이 경청했다. 우선 PT가 이목을 집중시켰고 청중 위주로 이해가 쉬웠다. 위기에 처한 부분에서는 모두 안타까워했다. 한국전기초자라는 회사가 부도 직전이라서 너무 어려웠기 때문이다. 그런 회사를 살리기 위해 고군분투하며 과감하게 소통, 혁신하는 서두칠 사장의 모습이 화면에 비춰졌다. 생산 인원들이 박수를 쳐주었다. 최인걸은 내심 참으로 고마웠다. 이후 전략 전개와 더불어 소감문을 발표했다. 공장 인원들에게 우리도 할 수 있다는 열정의 단어로 마무리를 했다. 최인걸은 발표와 더불어 드라마 하나를 멋지게 그려냈다. 그것으로 게임은 끝났다. 최인걸의 발표 이후 사장님의 덕담이 이어졌는데, 최 대리가 무려 8번 호명되었다. PT에 나온 내용이 지속적으로 화두가 된 것이었다.

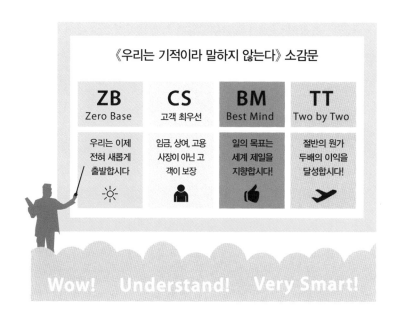

《우리는 기적이라 말하지 않는다》소감문

ZB	CS	BM	TT
Zero Base	고객 최우선	Best Mind	Two by Two
우리는 이제 전혀 새롭게 출발합시다	임금, 상여, 고용 사장이 아닌 고객이 보장	일의 목표는 세계 제일을 지향합시다!	절반의 원가 두배의 이익을 달성합시다!

Wow!   Understand!   Very Smart!

두 달 후, 놀랍게도 최인걸은 서울로 발령을 받았다. 기획실로 보직을 명받았다. 최인걸은 서울 본사의 13층에서 한강을 내려다보았다. 실로 뿌듯했다. 서울 입성이라니, 공장 동기들이 생각났다. 공장의 그 높은 담벼락을 넘어선 것이었다. 최인걸이 공장에서 본사로 올라온 것에는 많은 분의 조력이 있었다. 생산팀장도, 공장장도 그의 순환보직에 찬성표를 주었다. 고참들도 묵묵히 그를 담벼락 밖으로 내보내기 위한 사다리가 되어주었다. 기획실에서는 지방대 공대 출신의 최인걸을 마다하지 않았다. 사장님의 명령 이외에도 여러 가지 도움의 손길이 그물처럼 맞춰지면서 순환보직이 가능하게 된 것이었다. 분명한 것은 최인걸은 준비를 해두었다는 것이다. 물론 준비되어 있어도 운이 없다면 할 수 없다. 즉, 발표 자료를 잘 준비했는데 사장께서 오지 않을 수도 있었다. 그렇지만 언젠가는 준비된 자에게 적어도 한 번의 기회는 주어진다. 공장이 안 좋은 곳이라는 의미가 아니라, 순환보직을 통해 다른 직무의 경험을 넓힌다는 점에서 좋은 기회인 것이다. 서울에 와서, 최인걸은 조회에서 발표를 또 했다. 이번에는 사장님께서 《Raving Fans(열광하는 팬)》(켄 블랜차드 著)이란 책을 주었고, 최인걸은 그것을 정리 및 발표하여 찬사를 받았다. 사장도 영업부서에 고객을 딥오토메이션의 열광하는 팬으로 만들라고 주문했다. 공식적으로 최인걸에 대한 사장의 칭찬이 이어졌다. 본사의 인원들도 PT로 독후감을 정리 발표한다는 생각은 하지 못했기 때문이었다. 본사 동기가 최인걸에게 한마디 했다. **"야 최 대리, 좀 적당히 혀라. 니가 그렇게 하면 다음 사람은 겁나서 어떻게 준비하것냐? 니가 주제 발표 판세를 키웠어. 그건 그렇고 오늘 나랑 오랜만에 한잔 콕~ 하러 갈란가?"**

"똑똑한 사람은 항상 대비를 해두지." 라고 영화 속에서 아이언맨이 말한다. 직장 생활의 여유로움은 광고처럼 커피 한잔으로 시작되지 않고 만사에 준비가 다 되었을 때 도래한다. 일정을 주시하고 미래에 있을 상황에 대하여 미리 대비를 해두자. 여유와 함께 뜻밖에도 준비된 행운이 찾아올 것이다.

기획, Simple

01

선배의 눈물

건물을 설계도한 대로 된다 인생은 꿈꾸는 대로 된다

우리는 모두 각자의 집에서 산다. 그 집은 설계도를 작성한 후에 시공하여 지어진 것이다. 우리의 꿈도 마찬가지이다. 집은 설계한 대로 지어지고, 우리의 인생은 꿈꾸는 대로 펼쳐진다. 그러나 현실은 꿈과는 거리가 멀다. 먹고살기 위해 끊임없이 뛰어야 하고 그러다 보면 꿈꿀 시간조차 없기 때문이다. 영화 〈인 타임(In time)〉을 보면 '시간이 돈'이다. 모든 인간은 20세가 되면 손목에 시간이 인식되고, 그 시간이 '0'이 되는 즉시 죽는다. 모든 거래가 시간으로 계산된다. 임금도 시간으로 받고 식대도 시간으로 지급한다. 부자들은 수백 년을 살아가면서도 느긋하고, 빈자(貧者)는 시간이라는 사지에 몰려 쪼들려 산다. 이 영화는 시간이 곧 돈이라는 점에서 우리의 삶을 냉철하게 비유하고 있다. 최인걸에게도 인생의 꿈을 설계하는 기회가 있었다. 2002년 봄. 그는 생산팀에서 기획실로 오자마자 교육을 받게 되었다. 광화문에 있는 한국생산성본부에서 진행하는 '전략기획 과정'인데, 이 교육이 최인걸의 인생을 송두리째 바꾸는 계기가된다.

전략기획 과정은 4일 과정이었는데, 첫째 날은 오리엔테이션으로서 '기획이란 무엇인가?'를 배웠다. 첫째 날 교육을 마치고, 친구들과 오래간만에 서울에서 한잔했다. 내일 교육 때는 자겠다는 심산이었다. 둘째 날부터 실무 과정으로서, 기획을 하기 위한 세부 내용을 배우기 시작했다. 이때 컨설턴트 박세계 강사가 들어왔고 뜻밖의 말을 했다. "제 강의는 중식 시간만 쉬고, 4시간씩 오전, 오후 연강을 합니다. 저는 자율을 중시합니다. 중간에 화장실 가고 싶은 분은 다녀오시고 담배 피우실 분은 강의실에서 피우세요." 최인걸은 의아하게 생각했다. '무슨 강의를 화장실도 안 가고 한담. 그리고 당구장도 아니고 강의실에서 담배를 피우나? 에잇, 마침 잘됐다. 잠이나 자야겠다.' 그런저런, 웅성거리는 사람들을 향해, 강사가 말을 이었다. "여러분의 20년 선배가 이 옆방에 있습니다." 그의 말은 순식간에 청중을 제압했다. "여러분은 지금 기업에서 기획 업무를 하고 있죠? 기획실은 보통 경영진과 가깝기에 근무하는 곳도 럭셔리하고, 임원들과 대화도 많고, 때로는 직장 생활 내내 보기 힘든 사장님이나 회장님과도 엘리베이터에서 마주치고, 보고를 위해 독대하기도 합니다. 그렇죠? 저도 대기업 S사 기획실 출신입니다. 자료 만드느라 며칠씩 밤을 새우고 몸도 많이 상하곤 했지요. 그러다가 내 자신을 생각해서, 10년 만에 기획실을 박차고 나왔습니다." 강사의 눈이 번뜩였다. "그런데 나처럼, 또 여러분처럼 일만 하던 여러분의 바보 선배가 옆방에 계세요. 누구일까요? 그분들은 바로 대기업에서 퇴직한 임원들입니다. 그분들은 기업에서 대단했던 분들이지요. 그냥 이름만 들어도 아는 분이 있을 정도랍니다. 그분들이 여기는 왜 왔을까요? 퇴직 후에 할 일을 찾기 위해 오셨어요. 이분들은 투자할 투자처를 찾고 있어요. 즉 창업 과정에 입소했다 이겁니다. 이분들 퇴직금이 얼마냐고요? 대략 7억입니다, 7억."

수강자들은 눈이 휘둥그레졌다. 아, 역시 대기업 임원들이라 다르구나. 7억이면 무엇이든 할 수도 있을 텐데.

얼마나 좋을까? 당시, 안산의 시화지구 20평 아파트가 매매 7천만 원이었다. 약 10채를 살 수 있던 돈이다. 강사가 말을 이어갔다. "여러분! 부럽습니까? 아이러니하게도 그 선배들은 여러분의 젊음을 부러워합니다. 왜 그럴까요? 7억, 큰돈입니다. 그런데 과연 현실 속에서도 그렇게 큰돈일까요? 한번 생각해봅시다. 이분들은 평균적으로 자녀가 2명입니다. 자녀의 대학 등록금과 결혼 비용을 감안하면 한 명당 1억 정도는 놔둬야 합니다. 그렇지요? 그다음 5억이 남습니다. 5억으로 무엇을 할 수 있을까요? 이분들의 특성상 5억 중 2억을 실패했을 경우 대비 수단으로 놔둡니다. 그럼, 3억이 남지요? 3억으로는 빵집 P바게트를 차리지도 못합니다. 그냥 김밥집정도나 가능하지요." 그렇게 얘기하고는 갑자기 P바게트 창업 비용을 칠판에 적기 시작했다. 가맹점비, 기획비, 인테리어비, 장비, 의탁자, 간판, 공조기기 등 비목별로 나열하여 일사천리로 금액을 써 내려갔다. 전부 약 1.8억이었다. 그러고는 맨 아래 칸에 권리금 0.5억을 썼다. 최악의 상황에서 3개월간 버텨낼 비상금 0.3억을 썼다. 여기까지 합계가 2.6억이었다. 여기에 부동산 보증금과 복비를 합치면 3억이 초과되었다. 이렇게 세부적으로 쪼개어 생각해보니 단번에 이해가 갔다. 다소 과장은 있지만, 웬만한 곳에 3억을 가지고 가게를 차리는 것은 쉽지 않아 보였다. "그러다 보니, 이분들이 3억을 가지고 김밥집을 차려야 한다는 결론이 첫날에 나왔습니다. 이분들은 지금 충격에 휩싸여 있어요. 왜? 기업에 있을 때는 수백억 플랜트 기안을 그냥 결재하던 분들이거든요. 그런데 자기 돈 3억은 어떻습니까? 막상 곧바로 결정을 내릴 수 있나요? 절대 내리지 못합니다. 3억으로 품위 있게 돈 벌고 싶은데, 손쉽고 여유롭게 생활해야 하는데, 외식업이라는 것이 정말 피곤하거든요. 일 년 내내 휴무가 없어요. 어때요? 직장 생활에서 누릴 것 다 누린 분들이 말입니다. 이제는 3억에 벌

벌 떠는 노인이 되었다는 겁니다. 이분들에게는 내가 어떤 답을 드려도 본인들이 결론을 못 내요. 추진력도 없고, 그저 어떻게 해야 할지 고민에 또 고민만 하고 있습니다." 장고(長考)가 악수(惡手)이다. 결국 이분들이 내리는 결론은 그다지 위대하지 않을 것이다. 기업에 다닐 때에는 어떤 결정을 내려도, 밑에서 다 해결해주었다. 그런데 지금은 어떠한가? 혼자서 외롭게 결정을 내려야 한다. 환장하는 것이다. 최인걸은 마치 옆방에 앉아 있는 기분이었다. 박 강사가 말을 이었다. "여러분, 기획을 오랫동안 하지 마십시오. 내가 지금부터 하는 강의는 실전을 말합니다. 실전에서 활용할 기획을 하세요. 여러분 중 거의 대부분은 조직에 훈수를 둘 겁니다. 훈수 두는 것이 제일 쉬운 일이지요. 조직은 여러분의 펜대에 의해 좌지우지되곤 합니다. 그렇지만 기획은 내가 명확히 현장을 파악하지 못한 채 글을 보고 판단하는 경우가 많습니다. 우리는 그것을 두 글자로 '탁상'이라고 하지요. 자, 여러분은 어떻게 해야 할까요? 여러분은 현장에 뛰어드세요! 그다음 기획에 왔을 때도 경륜이 묻어나고 현장을 대변하는 글을 쓸 수 있으며, 자영업을 할 때도 저 방의 선배들의 현재 모습과는 다를 것입니다. 안 그렇습니까?" 둘째 날이 지나가고 있었다. 놀랍게도 8시간이 훌쩍 지나갔고, 잠을 자려던 최인걸은 식사도 거르고 화장실에 가는 것조차 한 발짝도 움직일 수 없었다.

그날은 약속을 접고, 최인걸은 곰곰이 생각했다. 이게 뭔가? 그 강사가 나에게 무슨 짓을 한 것이지? 미래에 대한 몽롱한 들뜸으로 밤을 보냈다. 최인걸의 인생을 송두리째 바꿔놓은 질문과 대답을 8시간 동안 들은 것이다. 다음 날, 그다음 날도 연강이 이어졌다. 박 강사는 회사의 일보다는 실전 위주로 가르쳤다. 똑같은 대차대조표, 손익계산서도 수강자의 회사 것을 그대로 활용했다. 생동감이 넘쳤다. 그 숫자에 있는 뜻을 수강자 본인에게 질문했다. 탄식이 이어졌다. 왜 비목별 숫자에 대하여 우리는 의미를 확인하지 못하였던가? 현장을 몰랐기 때문이다. 그 숫자에 이미 답이 담겨 있는데, 그것을 꿰뚫지 못했기 때문이다. 강사는 집요하게 물어보고 결론을 말했다. 모든 수강자는 본인 회계팀에 동일한 답변을 실시간 확인하고는 놀라워했다. 또한, 우리가 가지고 있던 교과서적인 상식들이, 문답을 하면서 저 멀리 날아가 버렸다. "매출채권이 많은 것은 기업에는 유리합니까? 불리합니까? 불리하다고 여기시는 분은 영업에 가보고 말씀하세요. 부채가 많다고 기업이 문제 되나요? 무슨 문제가 됩니까? 그것도 능력인데. 자금팀장께 그런 얘기 했다가는 뺨 맞습니다." 마지막 날, 협상을 배웠다. 두 팀을 나누어 모의 주식 투자를 했는데, 열기가 뜨거웠다. 주식과 관련된 모든 것을 실전과 함께 배웠다. 최인걸은 흥미진진했다. 화장실 가는 시간도 아까울 정도였다. CB, BW, 각종 채권, 주식매수청구권 등을 게임을 통해 익혔다. 서로

스왑하거나, 밀딩하는 과정에서 치열한 두뇌 싸움과 배짱이 어우러졌다. 마지막 날 마지막 강의 시간 박세계 강사는 결언을 했다.

"여러분, 제가 선배로서 부탁하는데, 본인의 인생을 꼭 점검해보세요. 첫째, 회사의 손익계산, 대차대조표에만 집중하지 말고, 본인 것도 작성해보세요. 둘째, 회사의 매출 forecast를 고민하기 전에, 본인 연봉과 20년 장기플랜을 짜보세요. 마지막으로, 내 가슴을 뛰게 하는 것이 무엇인지 5가지를 적어보세요. 이 5가지를 해결할 액션플랜을 수립하세요. 회사만 전략이 필요한 것이 아닙니다. 여러분 본인이 더 필요한 겁니다. 바로 오늘이 내가 가장 젊은 날입니다. 이런 것을 매년 치열하게 고민해본다면, 향후 저 선배들의 방에 오지는 않을 겁니다."

최인걸의 인생 손익계산서

년도	2006~2009				~2013				~2016			~2018			~2022			'23
직급	차장				부장				이사			상무			부사장			사장
손익 수입	40	43	46	50	55	58	61	65	73	78	83	88	101	108	120	136	140	160
지출	57	56	55	98	48	44	45	46	47	49	52	53	56	255	55	48	139	148
누계	-17	-30	-39	-87	-80	-66	-50	-31	-5	25	55	91	135	-12	53	141	142	154

(연봉 기준. 손익 금액 단위: 백만 원)

사장이 되어도,
1억 5천만 원을 버는
내 인생. 뭐지?

최인걸을 비롯하여 기립박수가 나왔다. 일반 사외 강의장에서 좀처럼 볼 수 없는 장면이었다. 최인걸은 집에 돌아오면서, 필요한 자기 계발 책을 샀다. 휴일에 엑셀을 펼쳐 들었다. 인생 손익계산서를 짰다. 그대로 직장 생활을 한다면, 내가 54세에 사장이 되는구나, 생각만 해도 즐거웠다. 그때 연봉은 1.6억 정도였다. 오~ 괜찮은데? 아내와 아이들을 대입하여, 지출 계획을 수립했다. 교육비와 생활비 등을 입력했다. 아이들이 점점 커서, 결혼하는 것까지 계산했다. 엑셀로 하다 보니, 생각이 깊어지면서 수치가 점점 정교해졌다. 54세에 사장이 되었을 때 얼마를 버는가를 누적으로 계산해보니, 고작 1억 5천만 원이라는 숫자가 나왔다. 집의 부채를 감안한 수치다. 최인걸은 갑자기 멍~해졌다. 내 인생이 이러한가? 그다음에는 자기 계발 계획을 수립했다. 인생을 숫자로 알아버리니까 갑자기 궁핍해졌다. 도저히 이 상태로는 내가 더 발전할 수 없고, 돈을 벌 수도 없다고 생각했다. 무엇을 해야 인생이 업그레이드될까? 이 질문에 인생의 성취 그래프를 끌어 올릴 인자는 ① 공부, ② 전문 자격증, ③ 순환근무로 도출되었다.

첫째, 우선 지식을 쌓자. 공부해서 전공상 박사가 되는 것을 목표로 삼았다. 때마침 최인걸의 회사는 대학원을 보내주는 제도가 있다. "연봉 인상보다 학교 보내주십시오."라고 했다. 동료들은 비웃었다. 학교는 다녀 무엇 하냐는 눈치였다. 그렇게 어렵사리 대학원에 갔다(최인걸은 석사 이후 박사학위를 받는다).

　둘째, 전문 자격증을 취득하자.(최인걸은 훗날 공인중개사와 감정평가사를 따낸다).

　셋째, 순환근무로 전문가가 되자(아후 최인걸은 생산, 기획, 인사, 영업 직무에 통달한 핵심 인재가 된다).

　최인걸은 박세계 강사로 인해 인생을 꿈꾸게 되었다. 만일 그때 그 교육을 안 받았더라면 어떻게 되었을까? 그 교육을 받고도, 인생을 한번 계산해보지 않았다면 지금은 어떻게 되었을까? 어찌 되었든 우선 어려움 속에서도 꿈을 꾸어야 한다. 그리고 수립된 꿈을 실천하는 유일한 방법은 도표화하여 벽에 걸어놓고 매일같이 행동에 옮기는 것이다.

02

Simple is Best!

복잡한 것을 단순하게 만드는 것, 그것이 창의이다

단순한 것을 복잡하게 만드는 것은 진부함이고, 복잡한 것을 단순하게 만드는 것, 그것이 창의성이다. 찰스 밍거스(Charles Mingus)의 말이다. 직장에는 복잡하게 일 처리하는 사람도 있고, 쉽게 정리하는 사람도 있다. '일은 어렵게 배워서 쉽게 써라.'라는 직장 격언은 신입사원은 일을 꼼꼼하고 힘들게 경험하고, 간부가 되면 그 경험을 최적화하여 센스 있게 사용하라는 의미이다. 최인걸은 생산팀에서 어렵게 배우고 나서 기획팀에서는 색다른 경험을 하게 된다. 그중에서 으뜸은 기획실장인 박탁상 이사와의 만남이었다. 박 이사는 일을 심플하게 정리하는 것에서 사내 최고로 꼽힌다.

딥오토메이션은 고객인 대기업 A사의 FPD 공장에 로봇을 납품하고 있었는데 납품한 로봇을 현장에서 세팅하는 데 애를 먹고 있었다. 현장의 다양한 상황에 적합한 일정을 맞추지 못한 것이 원인이었다. 그 다양한 상황이란 타사 셋업 일정과의 중첩, 고객의 오버홀, 각종 불량으로 인한 재작업 등이었다. 현장의 일정관리가 지속적으로 문제가 되자, 참다못한 고객은 인자한 사장에게 직통전화로 불만을 토로했다. 사장은 현장의 일정관리를 조속히 해결할 것을 기획실에 지시했고, 기획실에서는 고민 끝에 공사 현장의 일정관리자로 최인걸 과장을 선임하여 3개월간 파견 근무를 보냈다. 그는 이곳에서 박탁상 이사를 만나게 된다. 박탁상 이사는 A同社의 부장 출신으로서 상위 고객과 긴밀한 대화로 정치적 협업이 가능했고, 공학박사로서 현장의 기술적인 문제점의 해결이 가능하기에 딥오토메이션에서 긴급으로 채용한 인물이었다.

　최인걸은 현장으로 향했다. 현장 사무실에서는 때마침 회의가 진행되고 있었다. 가운데에 박탁상 이사가 앉아 있고, 현장 PM(이 대리), 설계자(김 대리), 협력 업체(박 사장) 이렇게 앉아 있었다. 상당히 두서없는 회의였다. 터프하기로 유명한 PM 이 대리가 소리치며 볼멘소리로 말했다. **"아니, 도대체 현장에서 어떻게 일을 하란 말입니까? 설계는 엉망진창이고, 뭐 맞는 것이 없어요. 김 대리님, 무슨 설계를 이렇게 하셨어요?"** 그러자 설계 김 대리가 발끈했다. **"이 대리**

님, 말씀 똑바로 하시지요. 그게 내 탓이에요? 당초 현장에 없던 기둥이 생겨남으로 인해 우리 라인이 1m 밀리면서, 마감재의 사이즈가 전부 바뀐 것 아닙니까? 그렇다면 현장에서 맞춤 작업을 해야지 왜 설계 탓으로 돌립니까? 참 답답합니다. 시공 현장에서 데나우시 없이 어떻게 설계가 전부 그려서 커버한답니까?" 즉, 설계는 제대로 되었는데, 현장의 사정으로 인해 기둥의 간격이 상이해졌고, 초기 건설도면과 수치가 달라짐으로 인하여, 장비들의 패널 마감 작업이 차질이 발생한 것이었다. 아무튼, 최인걸은 '잘하면 이 대리와 김 대리가 한판 붙는 모습을 보겠구나.'하고 생각했다. PM 이 대리가 다시 목소리를 높였다. "김 대리님, 현장에서 맞춤 작업이 쉬운 줄 아세요? 직접 해보세요. 우리는 설치하기도 바빠요. 내 참, 뭐 좋습니다. 그럼 협력사가 진행하시죠." 화살이 협력사로 돌아갔다. 협력사는 쩔쩔맸다. "저희는 마감재를 제작하는 업체입니다. 도면을 주시면 치수대로 재단하고 납품하는 것이 저희 범위이구요. 저희가 현장에서 맞춤 작업을 할 수는 없습니다. 비용도 많이 들고요. 전문성도 떨어지기에 Loss가 많습니다." 이 대리는 발끈하며 소리쳤다. "그래서 지금 책임을 못 지시겠다는 말인가요?" 협력사 박 사장도 산전수전 다 겪은 터였다. "이건 너무하십니다. 계약대로 하시죠." 이러다가 큰 소동이 벌어질 판이었다. 최인걸은 잘은 모르지만 중재를 하기 위해 일어났다.

그런데 가만히 있던 박탁상 이사가 조용하게 말하기 시작했다. "어~ 이 대리, 가마히 쫌 있어봐라. 회의는 격론을 벌이더라도, 감정적으로 흥분하는 것은 아이다." 지독한 경상도 사투리. 그의 목소리는 신기하게도 카리스마가 있었다. 그는 화이트보드에 차트를 그렸다. 최인걸의 이목을 집중시킨 광경 중 하나였다. 그는 보드에 매직으로 또박또박 쓰기 시작했다. 마감재에 대한 수정 작업의 일정표였다. 최인걸이 통상 여태껏 보아온 이사급들은 본인이 무엇을 기재하지 않는다. 직원들이 작성해온 것을 보고 수정, 첨삭을 시키곤 했다. 그런데 그는 직접 도표를 그리면서 회의를 리드했다. "여그 적힌 대로 하입시다. 내가 담당을 정할게요. 불만 있는 분은 지금 말씀을 하이소. PM 이 대리는 현장에 전 주임과 정 기사, 하 기사를 시켜서 오늘 오후까지 1구역의 치수를 확인해가 적어서 가져와라. 알겄제? 설계 김 대리는 향후 진행될 2, 3, 4구역에 변경되는 레이아웃을 오늘 중으로 고객에게 받아 가지고, 내일까지 설계에 반영해라. 그라고 협력사 박 사장님은 오늘 이 대리가 준 치수대로 마감재를 재단해서 내일모레 13시까지 현장에 입고시키이소. 알겠습니까?" 간트차트를 한 장 그렸는데, 일목요연할 뿐만 아니라 심플했다. 모두 조용해졌다. 할 말이 없었다. 무슨 말이 필요한가? 전부 그대로 하기만 하면 끝나는 것을. 박탁상 이사의 마무리 멘트가 이어졌다. "지금 이 불량 처리가 중요한 것이 아니라, 재발 방지가 중요합니다. 이후 레이아웃이 변경되는 경우에는 고객이 반드시 우리에게 통보하거나 미리 언지를 줄 수 있도록, 내가 어제 고객사 장 PM에게 말해두었어요. 그러니까, 설계 김 대리는 이후에 장 PM과 협의를 잘하세요." 불같던 PM도, 답답해하던 설계자도, 협력사도 모두 "네."라고만 하고 회의를 마쳤다.

최인걸과 박탁상 이사만 남았다. "최 과장, 먼 길에 고생 많았습니다. 생산에서 마 기획실에 간 지 얼마 안 되었다고 들었는데, 이렇게 시공 현장에 또다시 나오게 되어 노고가 많습니다." 최인걸은 답례 인사를 했다. "네, 이사님. 괜찮습니다. 아까 정리를 잘해주시던데, 혹시 고객과도 잘 아십니까?" 박탁상 이사의 눈빛이 빛났다. "내가 고객사 출신이에요. 부장 때 퇴사해서 당사 경쟁사인 C사에 부사장으로 있었습니다. 사실 딥오토메이션에 온 지 일주일밖에 안 되었습니다. 사장님께서 나를 여그 현장에 배치하고 AS부터 해봐라 카셨어요. 그런데 지금은 AS 문제가 아닙니다. 시공이 끝나야 AS를 하는 긴데, 시공이 마무리되려면 아직도 멀었어요. 지금 고객사의 장 PM은, 과거에 내가 키운 사람입니다. 내 부서에 있었을 때, 내가 고과 A를 두 번 연속해서 주어 진급을 시킬 정도로 유능하고 내가 잘 아는 사람입니다. 그렇기에 나는 그와 인간적인 관계가 있습니다. 물론 그것이 얼마나 이 현장에서 유리할지는 내가 하기 나름이겠지요.

내가 해결할 사항은 시공 마무리와 고객 안정화예요. 나는 최 과장이 공장에서 작성한 'A사 로봇 제조관리방안'을 읽어봤습니다. 스마트한 레포트라는 것을 한눈에 알아봤어요. 사장님께도 최 과장이 어떤 사람인지 여쭤봤고요. 나와 함께 지금의 위기를 극복하자고 부른 겁니다. 그리고 전문가는 절대 시끄럽게 일 처리를 하지 않습니다. 조용하고 신속하게 처리합니다. 석 달 정도면 정리할 겁니다. 잘해보입시다." 역시 기획에 온 지 얼마 되지 않은 최인걸을 부른 사람은 박탁상 이사였다. 함께 시공 현장을 정리하자는 얘기였다. 박 이사의 말대로, 그렇게 말이 많던 시공이 조용하고도 신속하게 정리되었다. 아울러, 박 이사는 고객으로부터 차기 프로젝트를 수주해냈다.

그렇게 현장 정리가 끝나고, 석 달 만에 박탁상 이사가 본사의 기획실로 입성했다. 최인걸도 복귀했다. 그가 본사에 오자마자, 어느덧 내년도 사업계획을 수립하는 시즌이었다. 최인걸의 일복은 정말이지 갑 오브 갑이었다. 차기 사업계획은 밤새워 일하기 일쑤였다. 주요 내용은 시장분석, 내부환경 분석, 각종 전략, 수주/매출/수금, 3개년 계획 등 보통 10월부터 시작하여 약 한 달이 걸리는 작업이었다. 그런데 그때가 11월 중순이었는데 작성된 것이 아무것도 없었다. 최 과장은 몹시 급박했다. 자료를 만들어야 하는데, 기초가 되는 영업 자료가 아직 검토조차 안 되어 있었다. 가장 중요한 것은 사장님께 내년도 매출을 재가받는 것이었다. 예를 들어, 기획실장이 사장님께 자료를 전부 작성하여 "**내년에 1,000억 하겠습니다.**"라고 했는데, 사장님께서 "**1,000억 가지고 되겠어? 1,500억은 해야지.**"라고 하면, 자료를 작성하는 입장에서는 1,500억 기준으로 현업과 협의하는 등 처음부터 다시 작성하다시피 해야 했다. 그래서 매출 규모의 결정은 상당히 중요한 것이었다.

이런 와중에, 박탁상 이사가 최인걸을 불렀다. "**최 과장, 내일까지 매출액 좀 줘봐라.**" 청천병력 같았다. 최 과장은 볼멘소리로, "**네? 내일까지요? 어떻게 내일까지 드립니까?**" 하고 다소 짜증 나는 목소리로 물었다. 박 실장은 뭐 대수롭지 않게 얘기하고 나갔다. "**왜, 어렵나? 그냥 정리해서 주면 안 되는가? 오전까지 대충해서 줘.**" 최 과장은 망치로 얻어맞은 것 같았지만, 이내 정신을 차리고 작업을 시작했다. 신경질이 절로 났다. 아! 진짜 미칠 노릇이었다. 종잡아 30장의 리포트를 내일까지 어떻게 만든담. 그런데 외출한 줄 알았던 박 실장이 뒤에 서 있었다. 그러더니 옆자리에 앉았다. "**허허 최 과장, 뭐에 그리 어렵나? 심플하게 생각하자고. 나는 딱 한 장이 필요한 그야. 그 안에 수주/매출/수금, 전략, 원가 그래프가 표현되면 돼.**" 최인걸이 한숨을 쉬며 물었다. "**실장님, 사장님께 어떻게 한 장만 보고를 드립니까? 내년 사업계획인데 30장은 되어야죠.**" 답답하다는 듯 박 이사가 답변했다. "내일 내가 사장님과 티타임을 가질 건데, 미리 여쭤보려고 그래. 최 과장, 혹시 네마와시(나무를 옮겨심기 위해 뿌리 주변을 파내는 것)를 아는가? 미리 의사를 타진하는 일본의 문화이지. 우리가 왜 30장을 만들고 사장님께 혼나고 또다시 30장을 작업해야 하는가? 내가 사장님께 여쭤보고 한 번만 욕먹고, 진의를 파악하여 확실한 30장을 만들면 되지. 내는 일을 쉽게 할라꾸 하는 기다. 복잡한 것보다 심플한 것, 그기 좋은 거야."

한 장에 요약한 사업계획서

매출액: 900억

구분	금년	차년		
		MAX	MID	MIN
수주	720억	1,200억	900억	700억
매출	700억	1,200억	900억	700억
수금	770억	1,320억	1,000억	770억

사업목표

방침	원가경쟁력 30% 달성
전략	1. 로봇 시장 수성, 확대(A, B, C사) 2. 해외 영업 및 반도체 시장 확보 3. 사업본부 지표관리(KPI+MBO) 4. 상시 비상 경영 체제(CD30%) 5. 기술력 강화(L/C 모델, S/W 구축)

영업이익
90억

판관비
50억

매출원가
760억
(84%)

BEP
680억

최 과장은 그제서야 깨달았다. '현업자를 위해 일을 심플하게 처리하고자, 박 실장이 사장님의 의중을 파악하겠다는 얘기구나.' 최 과장은 다음 날 요구한 서머리 시트 한 장을 만들어 드렸다. 박 실장은 사장님께 재가를 받으면서 명확한 의중을 파악해냈다. 사전에 bottom-up된 영업 측의 자료와 치열하게 조율하면서 그야말로 단 2주일 만에 사업계획서가 나왔다. 다행히 사장님과 현업의 데이터의 Gap이 100억 정도의 근소한 차이여서 가능하였다. 영업본부를 독려하여 100억을 더했다. 사업계획 발표도 성공적으로 끝냈다. 한 달 만에 전부 완료한 것이다. 사실 원칙대로 했다면, 사업계획이 차년도로 넘어갔을 것이다. 결론을 염두에 두고 전략적으로 정리하는 심플함은 어차피 가변적인 목표 설정을 간단하게 만듦으로써 조직의 쓸데없는 문서 작업을 줄이고 조직 피로도를 감소시킬 수 있었다. 사장님은 박 실장의 숫자에 대한 사전 보고가 있었기에 큰 그림에 대해서는 이견이 없었다. 사전에 맞춰진 눈높이는 협의와 승인을 의미했다.

이렇듯 리더의 역할 중 하나는 복잡함을 집어삼켜 심플하게 지시하는 것이다. 최인걸은 박 실장을 만나 단순하고 직진율 넘치는 의사 결정력과 방향성을 단순화하는 법을 배우게 되었다.

설계 표준화

시공 현장의 최종 도면을 회수하라

현장에서 변경된 draft 도면은 기술개발의 어머니이다. 현장 도면은 반드시 회수하여 분석하고 차기 프로젝트에 매뉴얼로 활용해야 한다. 도면을 체계적으로 관리하기 위해서는 version 관리가 중요한데, 제품은 진화해야 하고 그렇지 않은 제품은 도태되기 때문이다. 게다가 경쟁사가 순식간에 복사한다. 그러기에 지속적인 개선 개조를 통해 아예 새로운 제품이 탄생하거나 아이폰처럼 세대별로 진화해야 한다. 제품은 개발자를 통해 순차적으로 변화할까? 그렇지 않다. 모든 제품의 버전업은 현장을 통하여 진행된다. 현장의 고객 면담지, 회의록, 최종 도면을 통하여 기술력이 증진되는 것이다. 즉, 현장에서 우리를 힘들게 했던 고객의 목소리가 혁신으로 적용되어 업그레이드된 제품이 탄생하는 것이다. 특히 셋업을 하는 제품, 현장에서 재조립하거나, 설치 셋업을 해야 하는 제품이라면, 최종적으로 변경된 도면은 반드시 회수하여 기술관리 조직(혹은 설계, 기술개발 등 기술과 유관 조직 및 AS 조직)에 이관되어야 한다. 현장에서 최종 도면의 의미는 가장 최적화되고 마지막으로 개선된 마침표이기 때문이다.

최인걸은 경영기획팀에서 정신없이 일했다. 기획실은 전략기획팀, 경영기획팀 및 미래경영팀으로 구성되어 있었는데, 그는 경영기획팀 소속으로서 생산관리의 커리어를 바탕으로 전사적인 혁신 활동의 직무를 수행했다. 회사의 주력 제품은 Camel이라는 장비인데, LCD 카세트, TV 모니터에 사용되는 Glass 적치대를 운반하고 필요한 공정에 input, output하는 기계였다. 그런데 Camel은 한마디로 표준이 없었다. 현장의 여건에 따라서 다양한 크기와 사양이 필요했다. 표준이 없을 뿐 아니라, 현장 설치를 함에 있어서 상황에 따라서 제품에 수정이 불가피했다. 레일 위를 달리는 로봇이기 때문이다. 레일은 항시 현장 레이아웃과 일치하지 않는다. 고객의 요구에 의해서 버퍼 공간이 갑자기 발생하거나, 궤도가 수정되기도 한다. 그 수정에 의거하여 제품의 사양이 변경되거나, 때에 따라서는 사이즈의 변경도 발생하였다. 그로 인해 당시 기술팀에서는 사장께 설계 표준화는 방법이 전혀 없다고 보고했다.

사장은 주력 상품에 대한 표준화를 하고 싶었다. 경영기획팀 혁신 담당자 최인걸에게 주력 상품 Camel의 표준화 임무가 주어졌다. 표준화를 비롯한 생산성 향상의 첫 단추는 가시화(보이는 관리)이다. 가시화를 위해서는 BOM(Bill of Material)이 체계가 잡혀 있어야 한다. 그래야 자재가 평준화되고 그로 인한 구매의 원활성은 생산 라인 및 공정의 직진율을 높일 수 있다. 최인걸은 결과를 달리하려면 원인부터 개선해야 한다고 생각했다. 조립 라인의 규격화와 단순화를 가져오기 위해서는 설계도면부터 표준화가 되어야 했다. 그렇지만 현실은 달랐다. 우선 도면에 표시하는 방법과 정리하는 기법, 적용하는 공학적인 사양들조차도 표준화되어 있지 않았다. 당연한 얘기지만, 제품의 표준화를 위해서는 도면이 표준화되어야 하고, 설계자별 작도 방식이 표준화되어야 한다. 그렇지만 딥오토메이션은 설계자에 따라서 제조 품질이 우왕좌왕하고 gap이 발생하는 상황이었다. 설계자도 나름대로 고충이 있었다. Camel은 높이 10m가 넘는 거대한 카멜봇과 레일로 구성된다. 공장에서 제작하고 주행 테스트를 거쳐 분해 및 출고를 한 후 현장에서 재조립했다. 설계자는 공장에 설계 도면을 내리고 나서 현장에 배치되어 현장 셋업을 위한 드로잉을 병행했다. 현장의 여건에 따라서 본인이 설계한 도면을 그때그때 수정했는데 자연스럽게 피로도가 쌓였다. 그런저런 이유로 인해, 프로젝트가 끝나면 현장에서 최종 버전업이 된 변경 도면은 사라지고 없었다. 제품이 발전할 기회가 사라지면서 구버전 도면카피로 인한 오기와 실수가 반복되고 있었다.

생산팀 출신의 최인걸은 이런 현장 상황을 잘 알고 있었다. 그런데 생각해보니 Camel은 레일은 변화해도 카멜봇은 변화가 많지 않았다. 카멜봇은 제조 현장에서 표준화가 가능할 것이라고 생각했다. 박탁상 실장과 사장께 보고를 했다. 사장은 기술팀과 생산팀을 함께 불렀다. **"지금부터 딱 한 달을 줄 터이니, 표준화팀을 만들어서 '카멜봇 표준화'를 진행하라."** 기술팀은 반발이 심했다. 그렇기에 몇 번의 회의를 통하여 표준화 의식을 강화하였다. 우선 사람의 의지가 중요했기 때문이었다. 결국, 의식 개선 끝에 기술팀은 도면 표준화에 착수했다. 우선, Camel의 세대(4~13, 세대는 평판디스플레이 사이즈의 향상을 의미)별 도면을 모았다. 도면에 시리얼 No.부터 정리하고 단위 자재를 코드화하였다. 코드를 점점 부품에도 확대 적용하였다. 카멜봇 한 대당 800장에 달하는 도면에는 변동성이 없는 100개의 핵심 부품 Ass'y가 있는데, 그것을 전부 코드화하였다.

그리고 현장의 도면을 회수하기 시작했다. 현장 설계자는 최종 도면을 피드백하지는 않았는데 그 이유는 여러 곳에 분산된 도면을 취합하기 귀찮기 때문이었다. 또한 고객이 마지막까지 요구한 내

용을 도면 없이 개조한 내용도 다수였다. 설계 수정을 할 시간조차
도 없는 경우가 허다했다. 이런 상황에서 도면을 수정하여 회수한
다는 것은 설계자 입장에서는 매우 고되고 짜증 나는 일이었다. 어
떻게 하면 될까? 최인걸 과장을 비롯한 표준화팀은 고심을 거듭했
다. 그 결과로써 현장 설계자가 프로젝트 완료 후 10일 이내에 도면
에 대하여 보고회를 실시하도록 하였다. 관련 부서의 직원이 참석한
자리에서, 설계자는 변경된 내용을 기술적으로 설명하고 개선 사항
을 보고하는 자리를 공식적으로 만든 것이었다. 개선이 많고 효과적
인 경우 포상까지 실시하자, 점차 도면이 회수되기 시작했다. 향후
CS(Customer Satisfaction)팀이 발족되어 변경된 현장 도면을 기술팀에
피드백하는 프로세스로 정착되었다. 표준화팀은 카멜봇 표준화 및
버전업 프로세스까지 완료 보고를 했고 사장은 매우 흡족해했다. 표
준화팀은 ERP에 최종 도면을 업로드하도록 시스템화하고 해산했
다. 투덜대던 설계자도 도면이 안정화되자 예측 가능한 업무 진행이
가능했다. 이후 기술적 문제가 생기면 자체적으로 기술 향상 TF를
실시하는 등 개선 활동에 앞장서게 되었다.

　현장은 변화가 심하다. 시공 현장에서 설치 완료된 것이 곧 우리의
마지막 버전이다. 진화의 종결인 것이다. 그것이 결국 고객이 최종적
으로 원하는 사양이 된다. 그러므로 현장의 도면은 반드시 회수되어야

한다. 현장 도면은 우리의 기술 혁신이 표시된 교과서가 되는 것이다.

설계 표준화의 개요

1. 사양 정리

1. 도면 수집, 정리, 분류 사양 정리
2. 문제점 정리, Review
   – 문제점 조치 보고서
   – ECO, 생산 기술 자료
   – QC, 셋업, CS 문제
3. Issue Review
   – 수주 기본 사양서

2. 설계 표준화

1. 표준 사양 확정
   – 고객사 & 담당자별
   – 구동 표준, 사양 정리
2. 설계 표준 확정
   – Module별 시방서
3. 표준 Module 설계
   – 규격별 Module 설계
   – 사양 공통 표준 설계

3. 표준 관리

1. Option 표준 사양별
   – 정리된 Option 설계
2. 규격별 표준도 작성
   – 도번, 도면, BOM
3. 도면관리 규정 제정
4. PLM 시스템 연계 및 설계 표준 고도화

SCM 구축

협력사를 감동시켜라

- -

2003년 봄. 인자한 사장은 협력사에 대한 고민에 잠겼다. 어제 다녀온 고객 A사의 구매본부장과의 미팅이 떠올랐다. 구매본부장은 인자한 사장을 예로써 모셨다. 규정상 협력사는 반드시 외부 주차장에 주차하고 100m를 걸어와야 했는데, 차량을 정문까지 Bypass시킨 것과 직접 나와서 깍듯하게 맞이해준 것이 매우 고마웠다. 왠지 체면이 서는 모양새였다. 그러고 난 후, 시원하게 10억을 네고 쳤다. 사실 200억 공사에 10억이면 이윤과 맞먹는 숫자이다. 계약서에 도장을 찍을 때도, 끝나고 식사를 할 때도 갑질이라는 단어는 찾아볼 수 없었다. 기분 좋게 가서 속 시원하게 돈 쓰고 온 느낌이랄까. 그렇다면 우리 회사는 어떻게 하고 있지? 사장은 문득 질문이 떠올랐고, 기획실장 박탁상 이사와 구매실장을 불렀다.

사장이 말문을 열었다. "어서들 와. 어제 마징가Y 프로젝트에 최종 계약 도장 찍으러 A사에 갔다 왔어. 구매본부장을 만났는데 정말 깍듯하더군. 이봐 구매실장, 우리는 협력사 관리를 어떻게 하고 있지? 협력사도 우리에게는 고객이 아닌가?" 구매실장이 사장의 눈치를 보며 답변했다. "물론 그렇습니다. 하지만 우리도 어려운 마당에 협력사 생각만 할 수는 없습니다. 사장님께서 원가절감안을 10%씩 가져오라고 하셨기에 저는 협력사를 조일 수밖에는 없구요. 저희 협력사는 수준이 낮고 태도도 문제가 많습니다. 저희가 원하는 방향으로 잘 알아듣지도 못하구요. 그래서 좀 다그치지 않으면 우려하는 Q, C, D(Quality, Cost, Delivery)를 결코 맞추지 못합니다." 사장은 말을 받았다. "그래도 협력사와 상생하기 위한 구체적인 전략 구매안이 우리에게 있는가? 함께 생존해야 하는 차원에서 우리는 협력사를 도와줘야 해. 그리고 협력사의 사장들은 각고의 노력을 해서 버티고 있는 사람들이지 않은가? 그들을 만나보면 배울 점이 한두 가지가 아니야. 충분히 존경을 받아야 하네." 구매실장은 아직도 불만이 많았다. "네, 사장님. 무슨 말씀인지는 알겠습니다. 하지만 현실은 현실입니다. 어제도 사실 감속기 업체에서 감속기가 입고되지 않아 협력사 사장을 불러 호되게 질타했습니다. 현업에서는 협력 업체 납기로 인한 핸드링에 상당한 고충을 겪고 있구요. 우리는 ERP로 관리하지만, 협력 업체는 아직도 수기 관리를 하고 있어서, 수준이 맞지 않습니다." 사장님이 갑자기 질문을 했다. "구매실장은 협력사 사장을 어디까지 마중하는가?" 갑작스러운 질문에 당황하면서 구매실장은 답변을 했다. "제 자리에서 맞이하고 보냅니다." 사장은 고개를 끄덕이며 말했다. "그렇군. 이거 봐, 앞으로는 차 앞까지 마중하게. 일과 예절은 다른 것이야. 예절은 다해야지. 그리고 기분 좋게 네고를 치는 것도 구매의 전략이야. 알겠나? 그리고 박탁상 실장, 협력사와 실시간 Q, C, D를 네트워킹할 수 있는 방안을 구상해봐. 당장 이번 달까지 보고해. 알겠나?" 끽소리 못 하고 두 사람은 사장실을 나왔다. 이후 구매실장은 인자한 사장이 지시한 대로 협력사 사장을 배웅할 때 차량 앞까지 가서 예를 갖추었다. 협력사 사장은 의아해하면서도 어깨가 으쓱했다. 아무튼 딥오토메이션에 뭔가 변화가 있나 하는 눈치였다. 박탁상 이사는 꾀돌이 최인걸 과장을 불렀다. "최 과장, 협력 업체를 시스템적으로 관리할 수 있는 방안이 무엇이 있노? 즉, 제조 협업을 할 수 있는 tool을 각자 적극적으로 고민해가 내일 아침 10시에 함께 오픈하자. 알긋제?"

아침 10시. 두 사람은 가져온 대안을 기재한 종이를 오픈했다. 공통된 단어가 나왔다. SCM이었다. "역시 자네도 나와 생각의 방향이 같구만. 구체적인 대안이 있나?" 박탁상 이사는 웃으며 말했다. "글쎄요. 방향이 섰으니까 이제부터 준비해보겠습니다." 최인걸이 겸연쩍게 웃으며 답하자, 박탁상 이사가 지시했다. **"이번 기회에 우리 제품 중에 워크플로상 가장 문제가 있는 아이템에 SCM을 적용해가, 내부 프로세스도 점검하고 협력 업체도 도와줄 수 있는 방법을 한번 찾아보그래이."**

SCM은 Supply Chain Management로서, 공급망 관리를 칭한다. 즉, SCM은 원재료의 수급에서 고객에게 제품을 전달하는 자원과 정보의 일련의 흐름 전체를 경쟁력 있도록 상시 관리하는 것이다. 과거에는 공급 체인을 그다지 중시하지 않았다. 하지만 공급 체인의 정보 공유가 전후 공정 간 협력 및 조정의 중요 과제로 부각되었다. 기업에서는 기자재 공급의 불확실성으로 인한 생산계획을 유연하게 편성하지 못하고, 협력사는 사전 정보가 부재하므로 단납기, 납기 단축, 라인 변경 등을 유기적으로 진행할 수 없었다. 최인걸은 어떤 item을 선택하여 개선할까를 고민하다가 Jaguar(재규어: 반도체 웨이퍼를 운반하는 카셋을 보관하고 공급하는 설비)를 선정했다. Jaguar를 선택한 이유는 반도체로봇본부 매출의 30%를 차지하는 유일한 라인생산품으로서 SCM 적용이 용이했기 때문이다. 먼저, 최인걸은 유관 부서의 목소리를 들어보았다.

1. 영업 입장: 미치겠다! 생산이 고객이 원하는 납기를 적극 준

수하지 못한다.

2. 생산 입장: 무슨 소리! 영업이 맨날 단납기를 수주하여, 납기 준수가 불가능하다.

3. 설계 입장: 정보 좀 줘! 영업의 발주 정보가 늦어서 수주 사양에 대한 적시 결론이 힘들다.

4. 자재 입장: 직접 해봐! 구매의 늦은 발주로 인해 부품의 적시 입고가 불가하다.

5. 구매 입장: 적반하장! 자재의 구매 청구가 늦음으로 인해, 협력사에 발주가 늦는 것이다.

6. 협력사 입장: 너무 힘듭니다. 연일 단납기 요구에 생산 일정을 조율할 수가 없어요.

어? 생각보다 심각한 일이었다. 사실 생판 회의에서는 가급적 좋은 말만 하는데, 인터뷰를 하자 각자 심각한 어려움을 토로하고 있었다. 매일 아귀다툼하면서 톱니바퀴를 간신히 맞추고 있는 시계와 같았다. 결국 관련된 모든 부문이 납기로 인해 고통받고 있었다. 매우 심각한 수준이었다. 최인걸은 관련 부서와 협업하는 단기 TF 활동을 구성하였고, 개선 전후 대안을 준비하였다.

1. 대상 선정: 개선 대상은 라인 작업이며 가장 출고 빈도가 높

은 Jaguar를 선정했다. Jaguar는 A, B, C 타입으로 구분되며, 그중 A 타입이 78%로 가장 많이 납품되었다. **개선 대상으로 'Jaguar-A 타입'을 선정했다.**

2. 목표 설정: 다음은 연간 영업 납기와 생산 납기를 분석해보았다. 즉 고객이 원하는 납기와 실제 출고 일자를 비교하는 것이다. A 타입의 경우, 고객의 요구 납기 14일 대비 생산 출고는 18일이 소요되므로, 4일의 gap이 발생하였다. 4일은 18일 대비 약 20%를 감소시키는 것이다. **납기 20% 감축을 SCM 구축의 목표**로 삼았다.

3. 현상 파악: 다음은, Jaguar의 부품별 리드타임을 분석했다. 가장 리드타임이 긴 주요 부품은 ① Foup(15일), ② 필터(11일), ③ 모터(11일), ④ Fan(9일) 순이었다. 즉, **SCM의 요소 목표는 Foup의 현재 15일의 리드타임 소요시간을 30% 절감하여 11일로 만드는 데 있다.**

4. 문제 해결: 생산-구매-기획이 모여서, 브레인스토밍으로 (1) 당사 내부 Flow 개선, (2) 협력 업체 IT 네트워킹 구축, (3) 협력 업체 공정 개선의 절감 방안을 도출했다. 그중 영향력 평가를 실시하여 (1), (2)번이 선택되었다. **개선 방법을 요약하면, (Solution 1)ERP를 통한 당사 내부 Flow 개선+(Solution 2) 내·외부 SCM으로 협력업체 IT 네트워크 구축**이다.

4.1. (Solution 1) ERP를 통한 당사 내부 Flow 개선

① Foup, ② 필터, ③ 모터에 대하여, 1년 동안 발주 관련 워크플로상 소요시간을 ERP로 추적하였다. 워크플로상 가장 중요하고 절감이 가능한 시간은 "BOM 연계~자재 발주"로서 각각 ① Foup(3.8일), ②, 필터(2.1일), ③ 모터(2.3일)가 소요되었다. 내부에서 이렇게 많은 시간이 소요되므로, 협력 회사의 실제 작업시간이 감소하게 되어 압박을 많이 받을 수밖에 없다. 세부 개선 방안으로서 A. 수주 사양 협의(행량, 화상회의), B. 발주 처리(화상 오더, 전자입찰), C. 리드타임 축소(ERP 결재 간소화)가 도출되었다.

4.2. (Solution 2) 내 · 외부 SCM으로 협력 업체 IT 네트워킹

협력사는 매출액 20억 미만의 영세 업체가 대부분이므로, ERP를 구축하는 것은 엄두도 못 내고 사실상 구축할 필요도 없었다. 개선 방법으로서, 딥오토메이션 ERP에 SCM 로직을 구축하고, 협력 업체가 로그인하여, 직접 데이터를 key-in하는 방식으로 검토했다. 전산실과 협의하여, 협력 업체가 사용할 수 있는 SCM 로직(수주관리, 일정관리, 재고관리)을 당사 ERP에 구현하는 계획을 수립했다.

5. 효과산출: 1) 투입비용: SCM 로직구현 전산 비용: 2천만 원, 2) 절감 비용: 4억 8천만 원(유 · 무형 효과 포함) 3) 최종 절감 비용: 4억 6천만 원

최인걸은 과거 제안 활동 간사를 했던 경험으로 제조 개선안을

품질팀 못지않게 만들어냈다. 보고서를 작성하여 박 실장 및 경영진에 상신했다. SCM 로직이 정식으로 론칭하여 협력사들은 딥오토메이션의 시스템에 로그인하여 사용할 수 있었고, 납기관리 소통이 신속해졌으며, 무엇보다도 협력사들의 자체 시스템을 ERP로 진화시키는 계기가 되었다. 시스템뿐만 아니라 협력사와 관계를 돈독히 하는 문화 활동이 병행되었다. 구매팀 주관으로 '협력사 간담회'를 연초에 진행하여, 구매실장이 금년도 경영계획과 구매 정책을 설명하면서 협력사의 협조를 구했고 만찬도 함께했다. 현재 '협력사 간담회'는 '상생 콘서트(Win win-Concert)'라는 명칭으로 행사가 진행 중이다. 협력사에 노하우와 기술을 교육하는 프로그램도 연간 단위로 병행하며, 반대로 전문 부품 협력사에서 수시로 교육을 받기도 한다. 체육대회에 협력사의 경영진을 초빙하여 즐거움을 함께 나누고 공장에서는 연 2회씩 축구 대회를 했다. 어제는 납기 때문에 서로 다투었지만 오늘은 함께 땀을 흘리고 운동하며 돈독한 관계를 유지했다.

성실하고 정직한 협력사는 끝까지 함께 간다. 포괄적인 시각에서 우리의 존재 여부도 협력사에 달린 것이다. 협력사의 가치가 모여 우리의 가치가 된다. 고객도 마찬가지이다. 상생의 실타래에 함께 연결되어 공존하는 것이다. 물론 협력사와 가격, 납기, 품질 등에 대하여 격론은 언제나 필요하다. 그러나 어떤 상황에서도 상호 존중은 잊지 말아야 한다.

SCM 도입 체계도

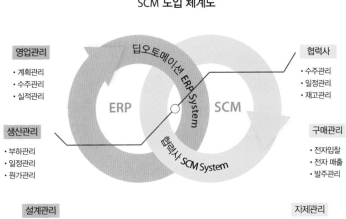

영업관리

· 계획관리
· 수주관리
· 실적관리

생산관리

· 부하관리
· 일정관리
· 원가관리

설계관리

· PDM
· 설계 일정
· 도면 표준화

협력사

· 수주관리
· 일정관리
· 재고관리

구매관리

· 전자입찰
· 전자 매출
· 발주관리

자제관리

· 재고관리
· 납기관리
· 창고관리

중국 공장 론칭

몰입하지 않으면, 창의는 없다

몰입은 무엇인가? '무언가에 흠뻑 빠져 심취해 있는 무아지경의 상태'를 의미한다. 때때로 몰입은 직장 생활에서 가장 중요한 요소이다. 제대로 몰입할 수 있는 사람은 해당 과제에 대하여 유의주의 (有意注意)하며 핵심을 명확히 짚어낸다. 문제 해결의 시작도 몰입이다. 몰입은 어떤 사건에 대하여 끝까지 추적하여 근본 원인을 확인하는 원동력이 된다. 풀 프루프(Fool Proof: 애초에 인간의 오동작을 방지하기 위한 설계)와 같은 재발 방지 대책과 최적의 시스템과 같은 해답을 도출해내는 것이다. 몰입은 창의력의 사전 명제이다. 본질을 꿰뚫는 창의는 '수박 겉핥기'로는 나오지 않으며 몰입을 통해 표출된다.

최인걸이 SCM 기획안의 발표를 마치고 나오는데 사장실 비서로

부터 호출이 왔다. 사장실에 가보니 박탁상 실장과 사장님이 함께 있었다. 사장이 손짓을 했다. "최 과장 어서 와, 여기 앉게." 박탁상 실장이 웃으며 얘기했다. "최 과장은 일이 많아서 좋겠어. 다른 것은 아니고, 우리 회사가 중국 공장을 설립하려고 하는데, 기안을 좀 해봐." 2003년. 당시 중국은 세계의 공장으로 변모하고 있었고, 업계에서는 너도나도 중국 내수를 겨냥한 해외 진출에 혈안이 되었다. 주요 고객인 A, B사도 중국에 공장을 이전하여 신·증축을 하고 있는 터라 딥오토메이션도 상황에 맞추어 중국 진출을 꾀하는 것이었다. "저는 공장안 기획을 해본 적도 없고 경험도 일천합니다." 최인걸 과장은 뜨거운 커피를 한 모금 삼키고는 좀 봐달라는 듯이 고양이 눈으로 깜찍하게 얘기했다. 인자한 사장이 봐줄 리 없다. "자네는 공장 출신에 제조를 훤히 알지 않는가? 공장 인력들과 협업하여 세계 제일의 오토팩토리를 구상해봐, 알았지?" 아무리 제조 출신이었지만 국내가 아닌 해외 공장 론칭에 대한 지식이 없는 터라 사장실을 나오는 최인걸의 발걸음은 무겁기만 했다.

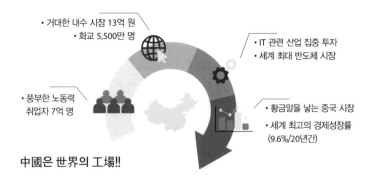

- 거대한 내수 시장 13억 원
- 화교 5,500만 명
- IT 관련 산업 집중 투자
- 세계 최대 반도체 시장
- 풍부한 노동력 취업자 7억 명
- 황금알을 낳는 중국 시장
- 세계 최고의 경제성장률 (9.6%/20년간)

中國은 世界의 工場!!

최인걸은 현실에 직면했다. 중국에 가본 적도 없는 그였다. 솔직히 그들이 무슨 화폐를 사용하는지조차도 모를 정도로 무식했다. 당연히 중국이 글로벌 관점에서 어떻게 돌아가고 왜 중국으로 우리가 진출해야 하는지에 대한 거시적인 안목도 전혀 없었다. 일을 지시받는 사람이 머릿속에 결과를 인식 해야 업무를 수행할 수 있다. 자칫하면 콘셉트도 맞지 않고 허접, 루틴, 조악한 아마추어적인 자료를 양산하기 때문이었다. 질문을 잘해야 답도 선명하다. 최인걸은 고민 끝에 멘토 박탁상 실장을 찾아갔다. 직장 생활은 방향성(milestone) 질문이 중요하다. 어디서부터 어떻게 해야 할지 감이 잡히지 않을 때는 오더에게 직접 물어보는 것이 시간을 절감하는 최선의 방법이다. 박탁상 실장은 흔쾌히 7가지나 되는 콘텐츠를 최인걸 어깨에 살포시 내려놓았다.

1. 중국 시장으로의 진출 당위성을 우선 기재할 것
2. 중국 시장의 현황(반도체, FPD)을 정리할 것
3. 중국 공장을 설립할 부지를 검토할 것(입지 분석 포함)
4. 제조라인(조직, 면적, 설비, 레이아웃, 비용) 설립안을 만들 것
5. 중국 공장 설립 후의 제조원가를 분석할 것(판매가 포함)
6. 마케팅 전략, 3개년 손익계산, 비전(IR) 방안 수립할 것
7. 공장 설립 시 중국 세금 관련 절세 방안을 확인할 것

"이 정도면 되지 않을까? 뭐 간단하다 아이가. 이까짓 것 금방 만들면 되지. 기한은 2주 이내 작성하고 임원 회의 시에 내가 사장님과 회장님께 발표할 꺼니까네 신경 좀 쓰그라." 하며 박 실장은 멍하게 서 있는 최인걸에게 내용, 목적, 기한까지 친절하게도 꽝! 하고 못 박고는 외출했다. 최인걸은 아찔한 목차에 다리가 후들거렸다. 그가 자신 있는 것은 4번 제조라인 분석과 5번 제조원가 분석 정도일 뿐, 나머지는 하나도 모르는 것이었다. 뭔가를 알아야 인터넷도 찾고 정리도 할 것 아닌가? 알파벳을 모르는데 어찌 영작 소설을 논하겠는가? 이걸 어쩐다. 2주면 급박한 시간인데, 그때 해외영업부에서 새로 입사해서 중국말로 인사하던 양다오 부장이 생각났다. '양꼬치엔 칭따오'를 마치 축약한 듯한 성함이라서 한 번 들으면 각인되었다. 그를 우선 찾아가 대화해보니 前 회사 중국 공장의 동사장(중국 기업의 공장장 혹은 총괄책임자)을 지낸 소위 '중국통'이었다. 박탁상 실장은 해외영업팀장에게 얘기하여, 최인걸 과장과 양다오 부장이 협업하여 기획안을 만들 수 있도록 주선해주었다. 양 부장은 1번 당위성 정도만 할 수 있다고 했다. "1번 당위성과 3번 입지 분석만이라도 좀 부탁드립니다."라고 말하고 나서 최인걸은 유관 부서와 최대한 협업하여 자료를 만들기 시작했다.

2. 중국 시장 현황

중국 시장의 현황은 '인터넷'과 '협회지(반도체, FPD)'의 자료를 토대로 만들었다. 반도체 시장 동향과 지역별 투자 환경, 반도체 회사의 중국 진출, 중국 내 Big5 반도체 회사, 전 세계 FPD 전망, 중국 FPD 전망, 중국 내 국내 업체 투자 동향을 정리하여 도표화 내지 그래프로 표현했다. 이틀 밤을 꼬박 새웠다.

4. 제조라인 설립안

그다음으로 중국 공장의 제조라인 설립안을 작성하기 시작했다. 먼저 조직도 및 인원 계획을 수립하고, 공장의 생산기술팀에 미리 얘기하여 검토해둔 공장 레이아웃에 장비를 배치하였다. 현재 공장에 있는 레이아웃과 동일한 구조로 배치하였으므로 큰 어려움은 없었다. 설비투자 및 금형투자 계획을 차트로 만들었다. 설비는 가공과 조립 설비 그리고 지그와 tool도 빠짐 없이 넣었다. 아, 계측기. 계측기는 품질경영팀에 의뢰하여, 계측기에 필요한 항목과 금액을 받아서 넣었다. 금형도 중국에서 가공하면 가장 좋은데, 문제는 가격과 시간을 산출하기 어려웠다. 그냥 국내에서 가공해서 이동하는 기준으로 작성했다.

5. 중국 공장 설립 후 원가, 판가 분석

다음은 중국 공장의 제조원가와 판가를 분석했다. 얼마에 만들고 팔 것인가? 가장 중요한 요소이다. 중국에 진출하는 목적이기도 했다. 국내보다 경쟁력이 없을 시에는 중국 진출 자체가 의미 없기 때문이었다. 그렇다고 무턱대고 싸게 만든다고 했다가, 막상 투자 대비 이익이 없으면 기안자에게 책임이 돌아온다. 우선, 국내 공장의 연도별 제조원가와 손익을 산출했다. 제조원가가 낮아짐에도 이익은 줄고 있었다. 경쟁이 심화되고 있다는 방증이었다. 국내 노무비와 중국인 노무비를 비교 분석했다. 양 부장에게 물어서 중국인의 노무비를 산출했다. 직군(연봉직, 시급직)별로 면밀히 산출된 인원을 놓고 노무비를 도표화했다. 이렇게 ① 재료비, ② 노무비, ③ 외주비, ④ 경비를 모아서 제조원가를 산출하고, 이윤을 붙인 다음 판가를 책정했다. 국내 공장에서 제조하여 중국으로 수출하는 것보다 중국 공장에서 만드는 것이 20%의 경쟁력을 가진 판가가 나왔다. 이익률을 15% 이상으로 책정했으므로, 중국 공장 설립이 훨씬 더 유리하다는 숫자 증빙이 나온 것이었다.

금요일 아침, 최인걸은 횡한 눈으로 앉아 있었다. 아직도 갈 길이 먼데, 월요일까지 어떻게 발표 자료를 만든단 말인가? 그런데 희망 편지가 도착했다. 박 실장이 어깨를 툭 치며 말했다. **"최 과장, 또 밤 새웠냐? 힘들제? 아~ 참, 굿 뉴스 하나. 임원 회의가 연기되었다 카이. 고마 회장님 갑자기 미국 가셔서. 야, 세수 좀 해라. 그리고 밥 묵**

으러 가자." 야~호. 팡파르가 울렸다. 인근 해장국집에 갔다. 정말이
지 꿀맛이었다. 최인걸이 다시 회사에 돌아오자 양 부장이 회의를
하자고 했다. 양 부장의 양질의 자료를 받아서 손질하기 시작했다.

1. 중국 시장의 당위성

중국 시장 진출의 당위성. 중국의 그림, 지도, 국기, 디자인 등을
수집하고, 도표를 꾸몄다. 당시 유행했던 도표는 삼각형 모양으로
맨 위의 꼭지점에 결론을 도출하는 포맷이었다. 즉, 삼각형의 하단
과 상위의 결론이 MECE(Mutually Exclusive Collectively Exhaustive: 상호 배
제와 전체 포괄)가 되도록 만드는 방법이었다. 두 가지 측면으로 구성
하였는데 거시적 측면은 삼각 집중형 구조로, 미시적 측면은 로직트
리 형태로 표현하여 마무리 지었다.

3. 중국 공장의 입지 분석

양 부장은 대기업 출신답게 history를 잘 정리해주었다. 광활한 중
국의 전체 지역을 조사하기에는 한계가 있으므로 고객군이 형성된
상해 인근으로 focus했다. 공장 선택 방식별(임대, 공장 구입, 신축) 장단
점을 비교하고, 상해 인근에 4개 지역(馬陵, 奉浦, 梅壟, 太昌)의 공장에
대하여 위치, 면적, 임대료, 인건비, 장단점 등을 분석하여 도표에 요
약 정리해주었다. 최인걸은 중국 지도에 공장 부지를 mapping하고,

위치별 입지 선정에 대한 유불리 사항을 명기했다. 이제 남은 것은 6, 7번 두 개의 챕터였다. 아, 노곤하다.

7. 공장 설립 시 중국 세금 관련 절세 방안

그중 7번은 사내 전문가를 찾았다. 중국의 세금 관련해서는 도저히 혼자서는 알 수 없는 전문적 지식이 필요했기 때문이다. 회계팀과 함께 미팅을 했다. 중국 내 세금은 소득세, 부가세, 관세로 이루어지며, 각각 면세 조건이 있었다. 공장 건설 관련 세금에 대해서도 논의를 했다. 양 부장이 변호사, 회계사, 법무 관련 로펌 등 중국 내 인맥을 동원하여 알아봐 주었다. 유창한 중국어로 통화하는 양 부장을 보면서, 최인걸은 어학의 당위성을 절감했다. 받은 내용을 회계팀 및 로펌과 협의하여 국내 회계와 저촉은 없는지 면밀히 재확인하였다. 당시 중국에는 공장건설세, 부동산세 등 각종 세금이 면세였다. 또한, 금융대출 조건을 회계팀에서는 검토해주었다. 역시 금융 관련 사항이 콘텐츠에 보강되자 자료가 빛을 발하기 시작했다.

6. 마케팅 전략, 3개년 손익계산, 비전(IR) 방안 수립

최인걸이 요청했던 중국에서의 판매 방안과 마케팅 전략에 대하여, 해외사업팀장은 타깃 시장을 매출액과 구매신장도로 표현하는 4블럭 다이어그램으로 그려주었다. 회계팀장은 최인걸을 불러서, 임원 회의에 발표하는 자료인 만큼 자금 계획이 필요하다고 얘기하면서 캐시플로 한 장을 더 보강해주었다. 이렇게 연도별 판매 계획과 제조원가를 바탕으로 3개년 손익계산서와 대차대조표, 자금수지 계획서를 만들었다. 자금수지 계획서는 처음으로 만들어보았는데, 최인걸은 왜 cash가 기업 활동에 있어서 혈액이라고 불리는지 이유를 알 수 있었다. 그리고 비전 수립. 5년 뒤에 중국 상해에 주식상장을 하는 것으로 자료를 마무리 지었다.

토요일 밤에 작업이 완료되었다. 참으로 힘든 시간이었다. 박탁상 실장이 유관팀장에게 조력해달라는 이메일과 사전 대화가 없었다면 불가능했을 협업 일정이었다. 모두 최인걸을 도와주었다. 그도 그럴 것이, 최인걸이 지치면 본인 부서에서 직접 자료를 만들어야 하기 때문이었다. 박 실장은 본인이 직접 임원 회의에서 발표를 하기에 최종 작성 자료를 칼같이 검토했다. 최인걸이 화가 날 정도로 집요하게 수정시켰다. 디자인 면에서도 점, 선, 도표를 전부 일직선으로 맞추라고 하며, 마치 외부컨설턴트가 작성하는 것처럼 요구했다. 최인걸은 수정을 거듭하여 숨이 턱에 찼지만 PPT 실력은 점점 증대되었다. 박 실장의 까다로운 검토와 수정을 거쳐, 일요일에 사장님께 보고가 되었다. 내일이면 끝난다.

화룡점정의 시간. 최인걸은 새벽에 마지막으로 리포트의 겉표지를 구상했다. 최인걸은 기안서 갑지의 여백에 항상 뭔가를 표현하여 제출했다. 주로 유관한 그림과 메시지를 담아 결재자에게 감정을 이입시켰다. 의사 결정에 영향을 주기 위한 행위였다. 자, 그림을 넣어보자. 먼저, 월요일에 진행될 임원 회의를 떠올렸다. '임원들이 모이고 우리 박 실장이 발표를 할 것이다. 회장님은 발표 후 의견을 물을 것이고, 의당 영업본부는 찬성을 할 것이다. 그러나 제조본부와 관리본부는 관망 내지는 자료에 문제점을 집중적으로 파고들 것이다. 특히 CFO는 자금 사정과 중국 진출 리스크를 언급하면서, 현재 국내에서 수주가 잘되는 마당에 중국 공장은 시기상조라고 언급하여 회장님의 심사숙고를 유도할 것이다. 아울러 중국법상 이윤 회수 불가 등을 문제 삼아 투자를 진행하지 않는 쪽으로 약 60% 정도는 얘기되지 않을까?' 최인걸은 자문자답해보았다. '내가 회장이라면 우리 회사가 중국에 진출해야 하는가? 아니면, 그 반대인가?' 지난 3주간 나처럼 중국에 몰입하여 자료를 작성한 사람은 없다. 아니 주제넘지만 해외 영업 중국 담당자보다 더 몰입했을 것이다. 마치 가본 듯, 상해 인근 공장이 설립된 전경이 시각화되었다. 내 결론은 중국에 가야 한다는 것이다. 중국에 가서 좌충우돌해봐야 한다. 해외영업은 10년 이상 투자해야 비로소 회수되기 시작한다. 첫 수주(Ice Break)를 해야, 비로소 사업이 열리는 것이다. 어떻게 임원과 경영진을 Yes로 유도할 것인가?' 몰입으로 새벽을 하얗게 보냈다.

중국공장 론칭 컨셉

I. Basic Concept

1
1. 중국 시장 진출의 당위성
  1.1 거시적 측면
  1.2 미시적 측면
  1.3 세계 전자 산업의
    중국 비중

2
2. 중국 시장 현황
  2.1 반도체 시장 규모 및
    성장잠재력
  2.2 중국 반도체 시장 동향
  2.3 중국 지역별 투자 환경
  2.4 세계 10대 반도체 회사
    중국 진출 현황
  2.5 중국의 Big5 반도체사
  2.6 전 세계 LCD 시장 전망
  2.7 LCD 산업 및 시장 동향
  2.8 주요 중국 투자 현황

II. Manufacture

3
1. 중국 현지 공장 설립 개요
  1.1 Glocalization
  1.2 중국 합작 투자의 장점
  1.3 공장 선택 방식별 장단점

2. 입지 분석
  2.1 지역별 비교표
  2.2 중국 공장 Map Point

4
3. 공장 개요
  3.1 조직도 및 인원 계획
  3.2 소요 면적, Capa 외
  3.3 설비, 금형 투자 계획
  3.4 예상 Lay-Out
4. Milestone
  4.1 공장 설립 전
  4.2 공장 설립 후

III. Cost & Benefit

5
1. 중국 공장 제조원가 분석
  1.1 연도별 제조원가 분석
  1.2 연도별 노무비 분석
    ST 예상 분석
  1.3 연도별 경비 예상 분석

2. 판매가 분석
  2.1 판매 단가 분석
  2.2 제품별 판가, 원—판가

IV. Marketing & P/L

6
1. Marketing Strategy
  1.1 Part별 판매 전략
  1.2 Customer Segment
2. 연도별 영업계획
3. 추정손익계산서

7
4. 중국내 세금 현황
  4.1 공장 운영 세금
  4.2 공장 건설 관련 세금
  4.3 금융대출 조건 외

"Alea iacta est!"
CAESAR crossed the Rubicon

표지는 월요일 새벽 5시에 만들어졌다. 최인걸은 심플하게 생각했다. 주사위와 함께, 아래에 문구를 달았다. "Alea iacta est.", '주사위는 던져졌다.'라는 말이었다. 이 말은 율리우스 카이사르가 루비콘강을 건너며 내전을 시작할 때 사용했던 말로서, 중국에 가는 것은 이미 돌이킬 수 없는 대세임을 내포했다. 발표 자료 최종본을 박탁상 실장에게 보냈다. 최인걸의 몰입은 중국 상해로 시작하여 로마이야기로 끝났다. 월요일. 두 시간 넘게 지속되던 임원 회의가 끝났다. 결국 중국 공장 진출이 결정되었다. 그가 예상한 대로 CFO의 지독한 질문이 나왔다고 한다. 그럼에도 불구하고 딥오토메이션이 중국에 진출하는 것으로 결론이 났다.

박 실장은 임원 회의 후 최인걸과 커피를 한잔하면서 말했다. "하이고마, 진땀 나데이~. 그렇지만 최 과장의 자료와 백데이터가 워낙 받쳐주었다 아이가. 그리고 그 주사위, 회장님이 주사위의 의미를 마지막에 물어보셨다 안 하나. 임원 회의 자체가 루비콘이라고 답했다. 수고했데이. 뭐 해보니까네 별거 아니지?" 말문이 막혔지만, 최인걸은 생각했다. 몰입은 창의를 가져온다. 기업에서의 창의는 이윤이 수반되어야 한다. 어떻게 중국에도 못 가본 최인걸이 공장 설립안을 만들 수 있고 OK로 의사 결정을 받을 수 있었을까? 몰입했기 때문이다. 몰입하면 촉박한 시간이 자연스레 창의적인 발상과 아이디어라는 친구를 데려온다.

BSC 혁신

All or Nothing

All or Not! 조직 혁신은 전원이 동참해야 한다. 조직의 강함은 변화의 수용능력에 비례한다. 어느 일부분만의 혁신은 국소적이고 형식적이기에 금방 사라져버리고 만다. 혁신의 대상은 조직원 전원이어야 한다.

2005년. SCM과 중국 공장을 론칭한 최인걸은 차장으로 특진하였다. 회사의 배려로 대학원도 진학하여 주경야독하게 되었다. 이제 중견 간부로서 더욱더 많은 일이 주어졌다. 당시는 참여정부 시대로서 관공과 기업이 BSC를 주목하고 도입하고 있었다. 통합 경영지표인 BSC(Balanced Score Card)는 1992년 하버드 대학의 로버트 카플란(Robert Kaplan) 교수와 데이비드 노턴(David Norton) 박사에 의해 창안

되었으며, 이후 전 세계적으로 널리 사용되는 성과 중심의 경영관리 tool로서, 경영 활동에 많은 센세이션을 일으켰다. 1990년대에 GE 6SIGMA가 붐을 이루었던 것처럼 너도나도 BSC를 도입하여 성과 향상을 이루고자 노력했다. 회사에서는 갈랩앤컴퍼니라는 외부컨설팅 기관과 함께 대대적인 BSC 혁신 활동을 시작하게 된다. 각 부문에서 한 명씩 차출되어 BSC TF를 운영하고, 기획실에서는 최인걸이 차출되었다. 최인걸은 갈랩앤컴퍼니의 김규영 대표에게 전략적 사고방식과 컨설턴트 수준의 자료 작성 방법을 배우게 된다. 그의 인생에 전략기획력을 보강시켜 주는 또 한 명의 멘토를 만난 것이다. BSC는 현재 기업에서 많은 호응을 얻지는 못한다. 그렇지만 여전히 수리 방법론적으로는 합리적이고 혁신적인 도구이다. BSC는 세 가지 장점이 있다. 첫째, 조직의 비전과 전략으로부터 도출된 성과 지표이고 정량화되어 스마트하게 표현된다. 둘째, 재무와 비재무, 장기와 단기, 선행과 후행, 내부와 외부 지표의 균형이 잡혀 있다. 셋째, 전략을 공유하고 자원과 역량을 집중하도록 동기를 부여하는 의사소통의 도구로 활용된다.

BSC의 4가지 관점

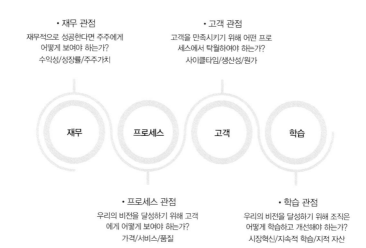

- **재무 관점**
  재무적으로 성공한다면 주주에게
  어떻게 보여야 하는가?
  수익성/성장률/주주가치

- **고객 관점**
  고객을 만족시키기 위해 어떤 프로
  세스에서 탁월하여야 하는가?
  사이클타임/생산성/원가

재무   프로세스   고객   학습

- **프로세스 관점**
  우리의 비전을 달성하기 위해 고객
  에게 어떻게 보여야 하는가?
  가격/서비스/품질

- **학습 관점**
  우리의 비전을 달성하기 위해 조직은
  어떻게 학습하고 개선해야 하는가?
  시장혁신/지속적 학습/지적 자산

그러나 최인걸은 TF 활동을 제외해줄 것을 박탁상 이사에게 정식으로 요청했다. 특히 10월은 연말 마감 업무와 내년도 계획 수립으로 정신없는 시기이기 때문이었다. TF 활동이 전업이라고 하지만 보나마나 후배들이 지속적으로 물어볼 것이 뻔했기 때문에 현업을 배제할 수 없었다. "정말 어렵습니다. 연말에 저는 죽습니다. TF 활동도 하고 현업도 해야 하기 때문입니다." 최인걸은 볼멘소리를 했다. "내 잘 안다. 그래도 해야 한다 안 하나? 니 이번에 TF팀장이 누구인지 아나? 부사장님이다." 최인걸은 하마터면 커피잔을 놓칠 뻔했다. "부사장님이 왜?" 박탁상 이사는 토끼 눈이 된 최인걸에게 말했다. "아울러, 각 본부의 최고 에이스들이 온다. 중심을 잘 잡고 니 캉 부사장님을 보필해 드리그라. 알았제?" TF팀장으로는 유례가 없는 파격적 인사였다. 당시 딥오토메이션은 세 개의 본부로 나누어져 있었는데, FPD로봇본부, 반도체로봇본부, 물류영업본부였다. 부사장은 70%의 매출을 차지하는 FPD로봇본부의 본부장이었다. 그런데 겸직으로 경영혁신TF팀장이 된 것이었다. 전임자는 3명이고, 겸임자가 15명이었으며, 간사 2명과 TF팀장으로 조직은 갖추어졌다. 이때부터 '세븐일레븐의 신화'가 시작된다. TF 활동 시간이 7시 출근 11시 퇴근이라는 의미이다. 말이 11시 퇴근이고 실제로는 다음 날 회의 준비를 위해 대부분 새벽에 퇴근했다.

주요 추진은 (1) 내·외부 경영 환경 분석, (2) 미션/비전/전략 수립, (3) 전사–부문별 전략 도출, (4) 팀별 지표 도출, (5) 운영체계 구축으로 이루어졌으며, 약 4개월간 진행 일정을 수립했다. 각종 인터뷰와 설문조사 수차례, 워크숍 3회, 중간보고 2회, 최종 보고회를 하는 등 그야말로 숨 가쁜 일정이 지속되었다. 전 그룹의 미션과 비전을 수립하고, 팀 단위의 전략을 전부 모아서 계량화하고 그것을 평가 지표화하여 성과 측정까지 진행해야 하는 광범위한 일이었다. 이렇게 BSC를 통한 지표 및 전략을 직접 수립하게 된 데에는 이유가 있었다. 한 달 전에 컨설팅 업체를 불러서 BSC를 먼저 추진하였는데, 그들은 종료 보고서 50장을 달랑 작성하여 경영진께 보고했다. 그렇지만 경영진은 이 자료는 다른 업체에 제출한 자료를 이름만 바꾼 수준이라고 판단했다. 즉, 딥오토메이션의 것이 아니라 시중의 카피본에 불과하므로, 실제로 BSC를 우리의 체형에 맞도록 작성해야 한다고 판단했다. 새로운 컨설팅 업체와 함께 내부 조직원을 차출하여, 창사 이래 처음으로 자료를 직접 작성하는 경영 혁신을 진행하게 된 것이었다. 이런 방식은 내부에서 차출된 핵심 인재들이 컨설턴트와 TF 수행 과정에서 많은 것을 배우기 때문에 키맨 성장의 관점에서 일석이조의 효과가 있었다.

1. 1차 비저닝 워크숍

맨 처음 20일간 시장분석만을 진행했다. 무려 100페이지에 달하는 시장분석 자료를 작성하였다. 시장분석이 완료되자 곧바로 '비저닝 워크숍'을 진행했다. 비저닝 워크숍이란 직급별 핵심 인력 30명을 엄선하여 회사의 대표자로서 워크숍에 참석하여, 미션과 비전, 전략을 도출하는 세미나를 의미한다. 금요일부터 2박 3일로 진행되는 워크숍이 시작되었다. TF에서는 거시환경 분석, 미시환경 분석, 산업분석, 경쟁사 벤치마킹, 사업구조 분석, 사업성과 분석, 경영시스템 분석, 재무분석을 발표했다. 김규영 컨설턴트의 BSC와 비전 수립에 대한 교육이 이어졌다. 아울러, 30명을 4개 조로 나누어서 4

시간 동안 미션과 비전을 도출했다. 4개 조가 각자 발표를 했다. 미션 선언문, 비전 선언문, 핵심가치, BHAG(Big Hairy Audacious Goal: 크고 담대한 목표)가 조별로 작성되었다. 조별로 작성된 것을 발표 후 취합하여, 한 장에 압축하였다. 그 종이에는 왜 우리 회사가 존재해야 하는지를, 그리고 미래를 어떻게 준비해야 하는가가 담겼다. <u>그냥 글에 불과한데, 미션선언문은 최인걸의 가슴을 뛰게 하였다</u>(예를 들어, 과거 한 콜라 회사는 이런 미션이 있었다. '우리는 물을 이겨낸다.'). 1차 워크숍이 저물었다. 창사 이래 처음으로 핵심 인사 30명이 모여서 2박 3일 동안 ① 미션, ② 비전, ③ 핵심가치, ④ BHAG를 도출한 뜻깊은 자리였다. 1차 워크숍의 성과를 월요일 정기조회에서 발표했다. 전 직원에게 미션과 비전 등을 공유한 것이다. 2박 3일은 휴일을 반납한 워크숍이었고, 체계적으로 각 조가 작성한 것을 다시 정리하였기에 직원들은 혁신의 시각을 공감했다. 아, 경영 혁신을 타이트하게 진행하는구나, 이제 전사적으로 혁신에 동참해야 하는구나 하는 눈빛이었다.

2. 2차 전략 워크숍

2주 후, 새로 선발된 30명과 함께 다시 2차 워크숍이 진행되었다. 1박 2일로서 '전략 워크숍'이라고 명명했다.

이 자리에서는 각 본부의 전략체계도와 추진 전략을 수립했다. 본부별 전략체계도를 합쳐서 전사 전략체계도와 함께 각각의 전략도 수립했다. 전략체계도란 ① 재무, ② 고객, ③ 프로세스, ④ 미래 역량의 관점에서 KPI와 전략을 도출하여 Mapping 형태의 그림으로 표현하는 것을 의미한다. 관점별로 중요한 지표가 나오고, 그 지표가 달성되는지를 정량화하여 확인할 수 있는 KPI가 도출된다. 예를 들면, ③ 프로세스 관점에서 '업무 표준화'라는 지표가 나오고, 그 지표가 잘 진행되는지 확인하기 위한 KPI는 '업무 표준화 진행 건수(or 진행률)'가 되는 것이다. 전략체계도는 보통 '본부' 전략체계도(하위)를 먼저 만들고, '전사' 전략체계도(상위)를 만든다. 혹은, 전사를 만들고 본부를 만드는 반대의 경우도 있다. 전략체계도는 본부-전사 간에 상호 KPI의 연결 고리로 이어지게 되는데, 이것을 '캐스케이딩'이라고 표현한다. 예를 들어, A, B, C 본부가 모여서 전사 전략체계도를 만들었는데, 전사 전략체계도의 ② 고객관점에서 'Total Solution'이라는 전략 지표와 '수주율'이라는 KPI가 도출되었다면, A, B, C 본부의 전략체계도에도 수주율이 들어가게 된다. 이럴 경우 전사의 수주 금액(수주율)은 5천억(100%)이 되며, A는 2천억(40%), B는 1천억(20%), C는 2천억(40%)으로 목표에 따른 수주 금액(수주율)이 분배가 된다. 즉 본부별 금액을 합산했을 때 전사가 5천억(100%)이 나오도록 연결하는 것이다. KPI는 해당 조직을 정량적으로 평가할 수 있는 지표이기에 중요하다. 해당되는 KPI가 무엇이고, 어떻게 달성할 수 있으며, 어느 정도를 달성했을 때 몇 단계를 인정할 것인지를 확인하기 위하여 KPI 사전을 만들었다. 또한, 본부별로 중점 과제를 각각 5가지 이내로 선정했다. 당해 연도에 반드시 해야 하는 것을 중점 과제로 선정하고, 해당 팀이 여럿인 경우 SFO(Strategic Focused Organization: 전략중심조직)를 조직하여 협업을 통한 해결을 모색했다. 중점 과제에는 action plan까지 작성했다. 팀의 action plan을 작성하기 위해, 전 팀원이 머리를 맞대었다. 혁신은 전부가 해야 한다. 전부가 아닌 국소적인 혁신은 소멸되고 만다. 전사와 본부의 전략은 상호 연결되어, 하부가 100% 달성됨으로 인해 상위가 100%가 달성될 수 있는 것이다.

3. 최종 보고

2주가 지나고, 최종 보고를 위한 준비에 TF 인원들은 여념이 없었다. 최종 보고는 회장님께 보고와 더불어 전사적으로 발표하는 자리였다. 여태까지 작성한 내용을 일목요연하게 전부 정리, 취합 보고해야 한다. 최인걸의 역할은 최종 PT 자료를 작성하는 것이었고, 약 1,000장의 PPT를 작성했다. 특히 최종 보고서는 일관성이 있어야 하기에, 동료들이 만들어준 자료를 취합하여 양식, 폰트, 디자인을 한 사람이 작성한 것처럼 정리하였다.

최인걸은 취합 작업으로 인해 야근과 잔업을 밥 먹듯이 하여 녹

초가 되었지만 PPT의 달인이 되었다. 그가 향후 영업 활동에서도 고객과의 전략적인 사업 구상을 실시간 PT로 만들 수 있는 것은 이런 문서작성 능력의 base가 있었기 때문이다. 갈렙앤컴퍼니의 김규영 대표가 가버닝 메시지 삽입 등 지속적인 코치를 해준 것도 큰 힘이 되었다. 찰리 채플린의 말처럼, '인생은 멀리서 보면 희극이지만, 근접해서 보면 비극'이다. 최인걸의 당시 상황은 비극적이었으나, 향후 어떠한 자료도 단시간에 쉽고 신속하게 작성할 수 있는 능력을 갖추게 된다는 점에서 희극이 되고 만다. 그는 동료 대비 2배 이상의 작업 속도와 함께 정리 전문가가 되었다. 최인걸은 전 사원이 보는 앞에서 최종 보고를 무사히 마쳤다. 책으로 제본된 최종 보고서를 보면서 회장이 부사장에게 말했다. **"수고했어, 이제야 우리의 앞날이 속 시원하게 보이는 것 같구만."** 최인걸은 그 책을 보면서 세상을 얻은 것과 같이 뿌듯했다. 아직도 그 책을 캐비닛에 보관하고 가끔 꺼내어 본다. 조금 더 잘 만들걸.

최인걸이 수립한 본인 텐텐-전략체계도

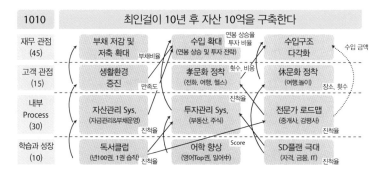

경영 혁신은 조직원 전체가 해야 한다. 경영진도 살을 깎는 고통과 함께, 전면에 나서야 한다. 만일 TF팀장이 부사장이 아니었으면, 이처럼 강력한 혁신 드라이브를 진행할 수 있었을까? 칭기즈칸이 말했듯이, **"혼자 꾸는 꿈은 개꿈, 만인이 꿈을 꾸어야 현실"**이 된다. 전 직원이 뛰어드는 혁신은 오랫동안 유지되고, 소극적이거나 남이 주도하는 혁신은 곧 연기처럼 사라져버린다. 즉 'All or Not'이다.

07.

먹물 한 방울

윤리 경영은 리더의 투명이 전제이다

리더가 아무리 일을 잘해도 방향성이 중요하다. 특히 윤리는 가장 중요한 요소이다. 아래의 리더십 공식을 살펴보자.

리더십 = Σ(열정, 통찰, 리딩 능력, A, B, C) X 윤리 의식

리더십을 구성하는 다른 요소는 덧셈이다. 그렇지만 윤리는 이 요소들의 합에 곱셈으로 이루어진다. 이런 윤리는 플러스만이 아니다. 마이너스도 있기에 아무리 뛰어난 리더도 윤리 의식이 없다면 그의 모든 능력이 마이너스 방향으로 움직인다. 물론, 대부분 리더는 윤리 의식이 투철하다. 그렇기에 윤리 의식의 바탕 위에 그 자리에 앉히는 것이다. 그렇지만 직장 생활에서는 마이너스 리더들도 종종 있다. 그들이 회사에서 중책을 맡으면 맡을수록 회사는 평판이 안 좋아지고 쇠락의 길을 걷게 된다.

2006년. 최인걸은 기획실에서 경영기획팀장으로 위촉되었다. 축하의 인사가 쏟아졌다. 딥오토메이션에 입사한 지 11년 만에 최연소 팀장으로 거듭났다. 그는 혁신 과제 수행과 감사 업무(경영, 전략, 수명)를 수행하게 되었다.

딥오토메이션은 영업력 향상과 고객 주요 인맥을 적극 활용하기 위해서 대기업 출신의 임원 Z를 영입했다. Z는 대기업을 상대로 일선에서 영업을 리드했다. 200%의 수주 성과를 내며 잘나가자 본인이 과거 데리고 있던 부하직원들을 하나둘 채용하기 시작했다. 중소기업에서 한 번쯤은 겪는 이른바 '굴러온 돌 구조조정'이 시작된 것이었다. Z는 적극적인 영업을 위해서는 현재의 인력보다는 손발이 맞고 고객의 키맨을 공략할 수 있는 인적 자원이 필요하다고 강조했다. 이렇게 해서 인원들이 보강되자 그들은 자주 뭉치기 시작했다. 그들만의 리그가 시작되었고 차츰 조직과도 멀어졌다. 현 조직과 동화되어, 전 직장의 벤치마킹을 통한 시너지를 냈더라면 한층 좋았을 것이다. 그러나 그들은 과거 다니던 대기업의 장점만 부각하여 딥오토메이션의 시스템을 무시하고 조직문화를 송두리째 변화시키려고 했다. 모든 기업은 나름의 역사와 문화가 있다. 대기업은 매뉴얼이 우수하고 직무가 대부분 정해져 있으며, 적임자들이 배치되어 있다. 그로 인해 안정된 업무 수행이 가능하다. 하지만 여러 단계의 검증을 통한 결재로 인해 의사 결정이 늦는 단점도 있다. 반면, 중소기업은 인원이 한정되어 시스템이 미흡하고 업무의 짜임새와 업무 강도가 약하다. 인당 직무 범위가 넓고 불규칙하다. 반면, 고객에 민감하고 변화에 적극적이며 의사 결정이 빠르다. 작은 물고기에게 느림은 곧 패배를 의미하기 때문이다. 이렇듯 조직은 특성과 규모에 따라 해당 기업에 적용되어 온 문화가 있다. 그렇기에 벤치마킹에는 조직문화의 내재화가 필요하다. 특히 선진 기업의 벤치마킹은 달콤하지만, 현 조직에 그만한 능력이 있는지를 생각해봐야 한다. 혁신을 한다고 현 조직을 마구 돌리다 보면, 조직 내 균열이 생기기 마련이다. 왜 그럴까? 그것이 우리 회사의 실력과 내공이고, 수행할 인력과 인프라가 부족하기 때문이다. 아무튼 그들은 똘똘 뭉치고, 요직에 서서 회사를 흔들었다. 그들을 저지할 인원은 없었고, 서로 조력하며 기존 인원을 배척했다. 직원들의 불만을 막기 위해 각종 행사와 함께 복지를 무분별하게 증진시켰다. 조직문화의 근간이 흔들리고 포퓰리즘이 판쳤다.

　최인걸도 이러한 모든 사실을 알고 있었다. 조직문화가 무너지지 않게 하기 위해서는 특단의 조치가 필요했다. 그러나 그들이 누구인가? 시각이 넓고 사내 정치에 탁월한 자들이었다. 사내 감사의 직무를 맡고 있는 최인걸에게도 조직 내 투서가 들어왔다. 그렇지만 저녁에 술을 먹는다고 감사를 할 수는 없는 노릇이었다. 아울러 현재 수주와 매출이 늘어나고 있는 마당에 근거 없이 막무가내 조사를 할 수는 없었다. 영업 임원 Z가 최인걸을 불렀다. **"이봐 최 팀장, 영업이 300% 증진되었어. 얼마 전에 내가 입사시킨 B 팀장 말야, 정말 잘해. 전문가야. 기존 애들과는 비교가 안 돼. 벌써 수주를 하나 해왔어. 그리고 새로 영입한 C 총무팀장도 전문가야. 어제 사내 가수왕 대회를 주최해서 분위기가 얼마나 좋았는지 몰라. 그런 행사를 여태껏 왜 안 했는지 몰라. 하하."** 최인걸도 따라서 웃으며 말했다. **"그렇습니다. 영업이 잘되고 있는 것이 모두 상무님 덕입니다. 그런데 신규 팀장들이 다소 음주가 잦고, 직원들과의 동화감이 낮은 것도 사실입니다. 잘 좀 지도해주십시오."** 그러자 갑자기 Z 임원은 목소리가 격앙되었다. **"뭐? 최 팀장! 자네 그게 지금 내 탓이라는 건가? 그리고 술도 한잔할 수 있는 건데, 그걸 나에게 얘기하는 저의가 뭐야? 잘해보겠다고 다과를 한 것 가지고 뭐라 하면 그것이 문제인 거야, 이 회사는 그런 뒷다리 잡는 문화부터 송두리째 없애버려야 해."** 최인걸은 축 늘어진 어깨로 Z의 임원실을 나와서 박 실장을 찾아갔다. 박탁상 실장은 안경을 위로 고쳐 쓰며 얘기했다. **"최 팀장, 무슨 말인지 나도 잘 알아. 주시하고 있어. 한번 지켜보입시다. 그렇지만 상처는 곪아 터질 때까지 놔두어야 해."** 최인걸은 알 수 없는 박 실장의 말을 뒤로하고 자리로 돌아갔다.

기존 팀장들이 그들을 성토하기 시작했다. 그렇지만 그들이 설치는 것에는 나름대로 이유와 명분이 있었고 혁신이라는 칼을 들이댔다. 결국 그들은 주요 팀장 자리를 꿰차고, 저녁에는 술자리를 만들어 내부 인원들을 데리고 가서 본인들 편으로 동화시켰다. 최인걸에게도 합석을 강요했으나, 핑계를 대고 가지 않았다. 그들은 감사와 혁신 업무를 맡고 있는 최인걸을 자기편으로 태우거나, 내보내기 위해 트랩을 짜기 시작했다. 그들의 의사와 반하는 기존 팀장들을 퇴사시키기 위해 꼬투리를 잡아 감사를 의뢰했고 최인걸은 난감한 상황에 놓이게 되었다. 경미한 문제로 기존 팀장을 낙마시키면 조직의 근간이 흔들리고, 아니하면 그것을 빌미로 최인걸이 위험해지는 것이었다. 최인걸은 고민에 빠졌다. '팀장을 맡으니까, 일만 열심히 하면 되는 것이 아니라 사내 정치의 압박도 만만치 않구나.' 어둠의 그림자가 그에게 드리워졌다.

그런데 한 달 후 굳건하던 그들이 하나둘 퇴사하기 시작했다. 그들의 덜미를 잡은 것은 바로 '윤리'였다. 그들은 석식 이후 값비싼 술집을 드나들었는데, 가끔 협력사가 연루되었다. 협력사가 고객의 수주를 가져온 것으로 거짓으로 꾸미고 수의계약을 하는 정황이 포착되었다. 다른 협력사의 투서로 인해 밝혀지게 되자, 최인걸은 문제가 되는 협력사에 감사를 실시하였다. 결국, 협력사의 사실 확인서와 각종 입출금 증빙서류가 제출되었다. Z 임원은 인사위원회에 회부되기 직전에 자진하여 퇴사했다.

리더에게 있어서 윤리는 근본 그 자체이다. 리더가 아무리 능력이 출중하여도, 먹물 한 방울이 물컵 전체를 혼탁하게 하듯이 모럴 해저드(Moral Hazard)는 모든 것을 앗아간다. 윤리 의식의 결여가 이런 모든 능력을 마이너스 방향으로 내몰기 때문이다. 리더는 윤리 경영의 옷깃을 여미고, 겸허하게 행동해야 한다. 박탁상 실장은 출중한 그들에게 윤리가 맹점이라는 것을 잘 알고 있었다. 상처는 곪아 터질 때까지 놔두어야 한다는 그의 말을 최인걸은 뒤늦게 이해할 수 있었다. 윤리 의식의 결여는 어떠한 실적으로도 감추어질 수 없다는 것을 깨닫게 되었다.

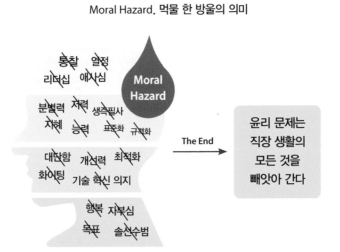

Moral Hazard. 먹물 한 방울의 의미

08

원가절감! VE 혁신

원가절감은 5%는 어려워도, 30%는 가능하다

원가절감은 모든 기업의 첫 번째의 과제이다. 원가절감의 동의어는 이익이기 때문이다. 이익 없이 살아남는 기업이 있는가? 대기업도 원가절감을 위해 안간힘을 쓴다. 대기업이 협력사에 네고를 함에 있어서, 예전에는 연간 비율로 감했지만 요즘에는 컨설턴트를 파견하여 원가절감을 과학적으로 유도하고 내려간 원가율만큼 감한다. 참 지독한 혁신이자, 악어의 눈물이 아닐 수 없다.

2007년. 박탁상 실장이 최인걸 팀장을 불렀다. "**최 팀장, 하이고 ~ 마.** 사장님께서 요즘 원가절감 압박이 심하셔서, 내가 제조실장에게 원가절감을 얘기하면 이 겨울에도 현장에 난방을 안 돌리면서 작업을 시킨다는 거야. 그렇게 처절하게 얘기하니 내캉 뭐 할 말이 없다

아이가. 아무튼 제조실장이 노력 안 하는 것도 아니고, 그렇다고 사장님께 원가절감할 것이 없다고 할 수도 없고, 난감하데이." 박탁상 실장은 최인걸에게 좀 더 가까이 앉으면서 말했다. "최 팀장, 자네가 고객사 A 기업의 원가절감 교육 좀 다녀와. A 기업에서 내년도 네고 5%를 요청해왔고, 원가절감을 위한 교육도 해주고 컨설턴트도 파견해주겠다는 거야. 요즘에는 VE(Value Engineering)라고 해서 원가절감을 과학적으로 한다네. 자네가 좀 다녀와서 VE 활동을 주도해봐."

원가절감은 반드시 수행해야 한다. 그렇지만 본 활동은 A 대기업에 딥오토메이션의 원가가 절대 오픈되어서는 안 된다는 단서가 있었다. 왜냐하면, 딥오토메이션의 원가 정보를 A 대기업의 구매가 훤히 알게 되기 때문이다. 즉, 원가는 오픈되지 않으면서 원가절감 보고서를 대기업에 제출해야 하는 아이러니한 상황에 놓인 것이었다. 우선 최인걸은 A 대기업의 교육센터에 가서 교육을 받았다. 최인걸이 생각했던 것보다도 교육은 상당히 체계적이었다. VE의 각종 절감 기법과 과학적인 tool, 그리고 아이디어 도출 기법으로는 트리즈(Triz: 러시아의 '겐리히 알츠슐러'가 개발한 '창의적 문제 해결을 위한 이론')가 사용되었다. 트리즈는 문제에 대해 가장 이상적인 결과를 정의하고, 그 결과를 도출하기 위한 모순을 극복시킬 방법(40가지 발명원리와 76가지 표준 해결책, '아리즈')을 통하여 최적의 해결안을 얻는 기법이다. 최인걸은 교육 수료 후 컨설턴트와 함께 회사로 복귀했다.

인자한 사장은 원대한 목표로 제조실장에게 원가절감 30%를 하라고 지시했다. 그러나 이미 딥오토메이션뿐만 아니라 협력사도 마른 수건을 짜고 있었다. 협력사들은 이제 원가의 마지노선까지 도달하여 헉헉거리면서 계약을 기피할 정도였다. 구매팀이 발주하는 과정에서 갑-을 관계가 바뀌고 있었다. 협력사를 달래가면서 발주하는 웃지 못할 상황이 벌어진 것이다. 그런데 최인걸에게 주어진 숙제는 첫째, 원가를 30% 절감해야 하고, 둘째, 절감된 실제 원가를 A 대기업에는 오픈하지 말 것. 셋째, A 대기업이 요구하는 연도별 원가절감분을 미리 추정하는 것이었다. 결국 최인걸은 센스 있게 숙제를 모두 만족시키는 교집합을 찾아내야 했다. 제조실장은 최인걸에게 고민을 토로했다. "이 상황에서 원가절감 30%? 사장님께서 대체 무슨 생각인가? 지금도 힘든데 난감하군. 아무튼 최 팀장이 많이 도와주게, 에이스들을 붙여줄게." 내부에서 원가절감 TF가 결성되었다. 영업팀, 구매팀, 기술팀에서 차출된 TF 인원들을 이끌고 최인걸은 TF팀장이 되었다. 컨설턴트가 회사로 와서 일주일에 한 번씩 컨설팅을 수행하고, 일주일간 주별 숙제를 작성, 제출하는 방식으로 진행되었다. '컨베이어(Conveyor)'라는 보편적인 자동화 제품을 원가절감의 주제로 확정했다.

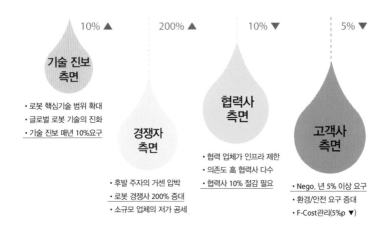

딥오토메이션의 VE 추진 배경

10% ▲   200% ▲   10% ▼   5% ▼

기술 진보 측면
• 로봇 핵심기술 범위 확대
• 글로벌 로봇 기술의 진화
• 기술 진보 매년 10%요구

경쟁자 측면
• 후발 주자의 거센 압박
• 로봇 경쟁사 200% 증대
• 소규모 업체의 저가 공세

협력사 측면
• 협력 업체가 인프라 제한
• 의존도 高 협력사 다수
• 협력사 10% 절감 필요

고객사 측면
• Nego. 년 5% 이상 요구
• 환경/안전 요구 증대
• F-Cost관리(5%p ▼)

    2주 차. 사장께 착수보고를 했다. 200m당 1천만 원을 하던 컨베이어를 800만 원으로 줄이겠다고 발표했다. 즉 20%의 원가를 절감하겠다고 하였다. 획기적인 것이었다. 기술팀에서는 상상하지 못한 절감률이었다. 참석한 직원들이 웅성거렸다. 어렵다는 듯 고개를 젓는 설계자와 실소를 하는 직원들도 있었다. 그런데 인자한 사장이 발끈했다. "TF의 절감 의지가 너무 약하다. 제조본부장과 특히 최 팀장은 사활을 걸어. 당초 내가 지시한 대로 30%로 진행해." 최인걸은 상당히 당황했지만 "네~."라고 대답은 주저 없이 하였다. 이어서 사장님이 말씀하셨다. "제조실장과 최 팀장, 수행 이후 결과에 따라서 TF에게는 포지티브도 있지만, 네거티브도 있다는 것을 명심하기 바랍니다. 사활을 걸고 하세요." 즉, 절감 목표 수립 여부에 따라서 상벌을 엄정히 하겠다는 얘기이다. 네거티브라는 단어가 벌새처럼 윙윙거리며 자꾸 최인걸의 머리를 맴돌았다.

착수 보고 이후, TF 인원들의 사기가 단번에 저하되었다. 잘해도 본전 아닌가? 소주를 한잔하면서 팀원들을 다독였다. 최인걸이 말했다. "다들 기운 내고 한잔합시다." TF팀원은 웅성거렸다. 기술 담당 김 대리가 소주잔을 들며 말했다. "최 팀장님, 아따. 이건 좀 너무한 것 아닙니까~잉? 갑자기 30%라니요? 30%가 얼라 이름도 아니고, 내 참. 기술팀 우리 인원들이 아까 웃는 소리 들으셨죠~잉?" 박 과장이 김 대리의 잔을 부딪치며, "김 대리, 한잔해. 잘해보자고 하는 건데 초장부터 그래서 쓰나?" 구매의 최 대리도 한마디 했다. "팀장님, 사실 구매 입장도 난감하기는 마찬가지입니다. 요즘 1%도 얼마나 힘든데 30%라니요? 저희 구매팀장님도 상당히 화가 나 있으세요. 저보고 대충 때려치우고 얼른 복귀하랍니다." 둥글게 모인 술 잔을 부딪치며 최인걸은 말했다. "자자. 다들 한잔하세요. 술 먹을때는 일 얘기 그만합시다."

다음 날부터, TF가 본격 가동되었다. 대략 8주 차에 걸쳐 추진하고, 이후 최종 보고를 해야 한다. 연간 100억의 매출 아이템이므로,

30%라면 30억을 save해야 한다. '5%도 아니고 30%를 한 번에 절감할 수 있을까?' TF 인원들은 고개부터 저었다. 방법이 애당초 없는 것이었다. 2주가 훌쩍 지나갔다. 과학적인 기법을 아무리 동원해도 3~5%가 절감되어 갈 뿐이었다. '어떻게 하면 좋을까?' 최인걸은 고심을 거듭했다. 그러던 차에, 컨설턴트가 와서 굵직한 사투리로 질문했다. "잘 안 됩니꺼? 뭣이 문제입니꺼?" 최인걸이 말했다. "박사님, 걱정입니다. 더 이상 줄일 것이 없습니다. 원가가 뻔합니다. 무엇을 더 줄일 수 있겠습니까?" 컨설턴트는 웃으며 기능 전개를 해보자고 얘기했다. "기능 전개요? 기능 전개도를 말씀하십니까? 컨베이어는 단순해서 기능 전개를 할 것도 별로 없습니다." 컨설턴트는 마지막으로 말했다. "길고 짧은 건, 한번 대보입시더."

TF 인원들은 기능 전개도를 그렸다. 기능 전개도라는 것은 제품을 3D로 분해하여 요소별로 필요 여부를 기재하는 것이다. 컨베이어의 경우 구동부, Roller부, Frame부, 모터부, 센서부로 크게 5개의 Ass'y가 나오고, 요소별 부품이 6개씩, 총 30개가 나왔다. 각각의 제조원가와 기능을 도표로 만들었다. 그 기능을 각각 ① 기본, ② 부가, ③ 낭비로 나누었다. 즉 30개 요소 부품을 세 가지 기능으로 나눈 것이다. 역시 디테일한 분석을 해보니까 차츰 해답이 보이기 시작했다. ① 기본: 그대로 유지해야 하고, ② 부가: 개선을 검토하고, ③ 낭

비: 아예 삭제를 검토하는 것이다. 그중 설계팀 김 대리가 낭비 요소로 Roller 부위를 잡아놓은 것에 관해 TF팀 내에 격론이 벌어졌다. 최인걸은 의아하여 물었다. "김 대리, 롤러 부위는 컨베이어의 핵심인데 왜 ③ 낭비로 분리하나? 컨베이어가 롤러 없이 어떻게 돌아가나? 말이 되는가?" 김 대리가 눈을 크게 뜨고 얘기했다. "에~이 팀장님, 허따. 가만히 좀 있어 보쇼~잉, 다 생각이 있응께. ③ 낭비는 삭제도 되지만 부품 재질 변경도 된다 안 허요. 나가 그것을 검토하는 거요." 뜻밖에도 창의적인 답변이었다. "어? 재질 변경? 야~ 김 대리, 공부 많이 했나 보다. 제발 좀 검토해서 바꿔봐라. 내가 업어줄게." 김 대리가 껄껄 웃으며 말했다. "아따 쫀쫀하게 월급 반타작이나 팔모가지 거는 것도 아니고, 쫄리면 작고하시든가~ 나가 애도 아니고 업어준다니요. 암튼 그거라도 나중에 약속 꼭 지키시오~잉." 컨베이어 롤러는 특수 제작한 사출품이었다. 사출품은 금형만 준비되면 정해진 강도를 유지하면서도, 대량생산이 가능하기에 가성비가 좋았다. 그렇지만 금형비가 비싼 것이 흠이었다. 금형비는 부품을 생산할 때마다 감가를 하기에 비용 상승의 원인이 되기 때문이다. 롤러를 사출품이 아닌 시중에서 구입할 수 있는 표준품 중에서 찾을 수 있다면 얼마나 좋을까?

가치공학(Value Engineering)에는 중요한 원칙이 있는데, "**원가절감**

을 하되 품질은 전보다 유지하거나 증진해야 한다"라는 전제이다. 그렇게 하기 위해서는 자연스럽게 개선 전·후 품질 측정이 동반되었다. 즉, 개선이나 삭제를 하여도 품질 문제가 전혀 없거나, 현재보다 품질이 향상되어야 했다. 로직트리 형태의 기능 전개도를 만들었다. 컨베이어가 어떻게 구동되는지가 명확하게 보였다. AHP(Analytic Hierarchy Process) 분석을 통하여 개선 순위를 잡았다. 그리고 기능별 Target Cost를 설정하였다. 이제 개선 목표와 순위를 명확하게 정했다. 이제, 팀원들이 함께 모여 아이디어를 도출해야 한다. 구매와 기술이 뭉쳐져, 트리즈로 숙제를 풀었다. 트리즈의 분석기법 ① 40가지 발명원리, ② 모순행렬, ③ 76가지 표준해 중에서 ①, ②가 사용되었다. 아이디어를 도출하고 기술 세련화를 하였다. 추진 일정표를 토대로 각 TF팀원들이 절감할 부품에 대한 일정을 작성했다. 이후 활동 성과를 종합하였다. 대기업에 제출할 plan b도 작성했다.

놀랍게도, 원가절감 33%를 달성하였다. TF 인원들이 조직 내에서 칭찬을 받았음은 말할 것도 없다. 기술팀 김 대리와 구매팀 최 대리가 협력하여, ③ 낭비로 분류했던 롤러에 대하여, 결국 동일 품질의 강도가 더 우수한 표준품 및 구매 루트를 찾아냄으로써, 목표 달성을 이룰 수 있었다. 김 대리는 최인걸에게 웃으며 다가갔다. "최 팀장님, 약속대로 업히겠습니다." 모두 웃음바다가 되었다. 사장님은 인사에 지시하여 휴가와 포상이 지급되었다.

"언제나 정답은 현장에 있다"라는 혼다 소이치로(日) 회장의 말처럼, TF팀은 현장에서 세부적으로 기능을 전개한 결과, 그토록 원하던 원가절감을 수행할 수 있었다. 만일, 5%를 목표로 했다면 어떻게 되었을까? 아마도 7~8% 정도로 마감된 원가절감에 우쭐하고 만족했을 것이다. 그렇지만 애초부터 30%의 공격적인 절감액 목표가 TF팀의 의지를 급박하고 창의적이게 만들었다. 그 결과로서 품질을 유지하는 조건으로 과감히 없앨 것부터 찾게 되었다. 가장 고가 부품부터 타깃화하여 삭제(재질 변경)를 검토함으로써, 시간을 축약할 수 있었다. 원가절감 목표는 이루지 못할 만큼 과감해야 한다. 그래야 개선이 아닌 혁신을 할 수 있다.

제3장

인사, Sacrifice

01

직장, 외사랑

감량 경영, 지독한 선택이다

- -

회사에서 감량 경영이란 시장 불황을 극복하고자 경영 규모를 다이어트하는 것을 의미한다. 자산 매각, 경비 절감, 非채산 부문 조정, 설비 투자 배제, 인원 축소 등을 통하여 기업의 체질을 개선하는 것이다. 그중 가장 마지막으로 고려되는 것이 인원 축소이다. 인원 축소는 조직문화의 저해를 가져온다. 기업은 어차피 사람에 의해 돌아가기 때문이다. 인원 축소는 감량 경영의 가장 최후 방법이기에, 지독하고 핏빛 어린 선택이 아닐 수 없다.

최인걸도 회사생활 중 거의 매년 크고 작은 구조조정을 경험했다. 구조조정은 조직문화에 악영향을 주지만, 조직 재설계 및 리스트럭처링의 측면에서는 혁신의 효과도 보유하고 있다. 그런 의미에서,

구조조정은 다른 말로 '조직합리화'라고 한다. 중성자탄이라고 불린 구조조정의 대가 GE 前회장 잭 웰치는 최하위 5%를 매년 정리해야 하고, 그 정리는 회사를 위해서가 아니라 퇴사자 자신의 경쟁력을 위한 것이라고 말한 바 있다. 즉, 회사의 입장에서 그들의 적체현상이 조직적, 문화적으로 마이너스가 되고, 더욱 문제점은 나가는 시점을 놓치게 되어 본인의 경쟁력도 차츰 감소한다는 것이다. 결국 자신을 깊이 통찰하고 재기하는 자아 성찰의 소중한 시간도 사라지기 때문이다. 최인걸도 잭 월치의 말에 전적으로 동의했다. 이렇듯, 회사와의 관계는 철저한 나의 외사랑이다. 그것도 내가 효용가치가 있을 때까지만 그러하다. 직장인은 회사를 어쩔 수 없이 사랑해야한다. 그것을 애사심이라 부르고 외사랑이라고 표현한다. 짝사랑의 근처에도 못 가는 외사랑. 짝사랑은 상대방이 모르게 자기 혼자 애태우며 사랑하는 것이지만, 외사랑은 상대방이 내가 그를 사랑한다는 것을 알고 있으면서도 이루어질 수 없는 나의 일방통행적인 사랑이다. 즉, 짝사랑은 상대방이 모르는 사랑이지만, 외사랑은 상대방이 알면서도 외면한다는 것에 차이가 있다. 회사도 직장인의 애사심을 잘 알지만 능력을 갖출 것을 요구한다. 그 능력을 연봉으로 책정하여 합리적으로 보상하고 있기 때문에 회사는 언제든지 결별할 수 있는 것이다. 왜 느닷없는 사랑싸움인가 하겠으나, 직장인의 애환은 불행하게도 이 기준점에서 출발하기 때문이다. 최인걸은 생각해봤다. 그러면 언제 함께 사랑하게 될까? 임원을 달면 회사와의 동등한 사랑이 이루어지는가? 아니다. 그럼, 등기임원 정도가 회사와 일직선상에서 사랑을 논할 수 있을까? 등기임원도 2~3년이 만기이고, 언제든지 주주들이 주총을 통해 해임할 수 있으므로 그 또한 외사랑이라 할 것이다

직장은 외사랑

외사랑	A가 B를 좋아한다고 했지만, B가 거절. A는 B와 사랑할 수 없음을 알면서도 사랑함 그래도 사랑

직장은 철저한
나의 외사랑이다
(내가 능력있는 날까지)

짝사랑	A가 B를 좋아하지만, B는 모르는 상태. 어찌되었건 A는 향후 B의 선택이 남아있다 두근두근

※능력 증진 방법
① 공부해라: 직무, 전공
② 정치해라: 소통, 정보
③ 성과내라: 혁신, 평가

2008년. 최인걸 팀장은 인사팀으로 발령을 앞두고 있었다. 리먼 브라더스 사태가 각종 한국의 경기 지표를 끌어내리고 있었다. 딥오토메이션의 주력산업인 반도체와 FPD 경기가 동시에 급감하자 감

량 경영이 고개를 들기 시작했다. 전임 인사팀장이 각종 제도 개선의 압박과 구조조정 실시에 부담을 갖고 그만둔 지 하루 만에 최인걸은 신규 인사팀장으로 위촉되었다. 인사팀은 모든 직장의 핵심 부서이다. 그렇지만 최인걸은 급박한 사안과 시기에 인사팀장 발령이 축복받은 자리인지 반문했다. 어쨌든 현재 실적이 미흡함과 미래가 암담한 현실 속에서 조직 전체는 인사팀장을 주목하며 긴장하고 있었다. 아니나 다를까 이윽고 경영진의 조직합리화 명령이 나왔다. 5% 다운사이징. 내년도의 시장 상황의 악화를 감안하여 내려진 결정이었다. 그런데 날짜가 문제였다. 9/10일에 오더가 내려왔고, 12일에 공지를 해야 했다. 단 이틀 만에 정리해야 했다. 이유는 추석 연휴 이후에는 조직이 정상화되어야 하기 때문이었다. 초 긴급한 상황이 시시각각 전개되었다. 9/10일 10시에 다운사이징 오더가 나왔고, 최인걸은 각 본부장께 오더를 전달했다. 13시에 본부장이 각 팀장에게 의논하여 생사부 명단이 확정되었고, 숙고 끝에 15시에 명단이 확정되었다. 퇴사자를 명예롭게 보내주어야 한다. 그러려면 계열사 전보, 협력사 취업 등의 검토와 함께 퇴사자에 대한 처우가 나와야 했다. 최인걸은 고심하여 대책안을 정리하여 경영진에 상신했다. 9/11일 오전 10시에 본부장과 미팅을 했다. 퇴사자의 처우 확정, 해고수당, 위로금 및 경영 정상화 시 우선 취업 조건 등에 대하여 설명했다. 9/11일. 각 팀장은 팀원 면담을 했다. 퇴사자에게 순환보직과 협력사 취업을 권하고, 응하지 않은 경우에는 사직이 진행되었다. 이후, 인사팀에서는 퇴직 처우 설명과 함께 감정 관리를 실시했다. 결국, 9/21일 추석 연휴 전날, 전보 및 퇴사자 명단이 발표되었다. 이틀 만에 속전속결로 감행한 것이었다.

최인걸은 반문했다. 직장 생활에 있어서 우리는 일만 잘하면 문제가 없을 것이라 낙관한다. 직장은 평생은 아니더라도 나 하나쯤은 잘 건사해줄 것이라고 믿는다. 그렇지만 불과 이틀 만에 조직합리화는 감행되었다. 조직은 이토록 무섭고 냉정한 것이다. 9/12일. 추석 연휴의 시작이라서 즐거웠던 거리는 헤어짐으로 멍든 아픈 길목으로 변해 있었다. 최인걸은 술에 취해 퇴사하는 후배들 앞에서 눈물을 뚝뚝 흘렸다. 이제 다시는 이런 일이 없어야 한다고.

얼마 지나지 않아, 경기가 다시 회복되었다. 최인걸은 해당 팀장과 협의 후, 퇴사한 인원을 대다수 복직시켰다. 현재 딥오토메이션과 함께하는 직원이 많다. 오히려, 당시 퇴사자가 핵심 인원의 반열에 오르내리기도 한다. 인생에서 겪지 말아야 할 것을, 그들은 한 번 경험했기에 더욱더 내공이 단단해진 것이다.

외사랑이지만 살아남기 위해서는, 내가 회사를 리드할 능력이 있어야 한다. 그렇지 않으면 도태되거나, 심한 경우 조직합리화의 대상이 된다. 그렇다면 회사는 어떤 기준으로 나를 존속시키겠는가? 최인걸은 잔류를 위한 지구력을 공, 정, 성이라 칭하고 휴대폰 화면에 저장했다. 첫째, 공부하자. 자기 직무에서 출중한 지식을 가진 자는 도태되지 않는다. 본인 직무와 관련된 전공, 자격을 공부하자. 둘째, 정치를 잘하자. 정치를 부정적으로 보지 말고 주위 사람부터 내 것으로 만들어야 한다. 회사가 핵심 인재를 중요하게 판단하는 이유가 있다. 핵심 인재들 간 공고한 협업이 곧 내부 정치를 풀어내는 열쇠가 된다. 셋째, 성과에 집중하자. 성과는 배고픔에서 나온다. 절박하게 느끼고 쥐어짜다 보면 추진 계획과 해결 의지와 행동을 토해내게 된다.

어떠한가? '공정성'에 있어서 나는 상위 레벨인가? 아니면, 탈락의 위기에 있는가? 조직합리화는 인원 감축만을 의미하지 않는다. 조직을 리스트럭처링하고, 끊임없이 최적을 찾아 유기적으로 재설계한다. 그런 과정 속에 자기 계발을 지속적으로 해야 한다. 회사에 대한 나의 사랑은 철저한 외사랑이라는 것을 알면서도 말이다.

02

스페셜리스트 or 제너럴리스트

경력은 사다리가 아니라 정글짐이다

직장 생활은 해당 직무를 성실히 수행하는 것이다. 보통은 본인의 전공에 따라서 직무가 결정된다. 예를 들어, 상경 전공-회계팀, 공학 전공-기술팀, 법학 전공-기획팀 등이다. 이렇듯 전공은 대부분 직무와 관련된다. 하지만 미래학자들은 향후 직업의 경계가 무너진다고 예견한다. 현재의 초등학생은 평균 10개 이상의 Job을 갖게 될 것이라고 한다. 이것이 무슨 악담일까? 10개의 직업이란 말은 직종단명(職種短命)과 함께 인간을 대신할 로봇, AI의 출현으로 멀티플한 능력이 요구되는 시대가 도래함을 의미한다. 평생직업을 영위하던 시대는 가고, 본인 의사와는 상관없이 다수의 직업을 수행해야 하는 고달픈 인생이 오는 것이다. 직장 내에서 순환보직을 통해 다수의 직무를 수행하면 그만큼 멀티플레이어(Multiplayer)의 경쟁력을 갖추었다고 할 수 있다. 야박한 세상이다.

대부분 직장인은 보직 변경을 꺼리는데, 그 이유는 단시간에 새로운 지식을 쌓아야 하기 때문이다. 마치 초보 운전자가 4시간 이내에 트럭을 몰고 서울에서 부산을 가야 하는 것처럼, 동시에 시간과 거리라는 두 가지 압박을 견뎌야 한다. 그래서 페이스북의 COO 셰릴 샌드버그는 다양한 경험을 하라는 의미에서 **"경력은 사다리가 아니라 정글짐이다."**라고 얘기했다. 즉 사다리로 올라가는 것이 아니라 불규칙한 경험에 의해 성장하는 것이 개인 커리어에 도움이 된다는 의미이다. HR에서 스페셜리스트는 사다리로 올라가고, 제너럴리스트는 정글짐을 올라가면서 성장한다고 한다. 스페셜리스트는 기술직 혹은 연구직이며, 고유한 능력으로 직장 생활을 영위한다. 반면, 제너럴리스트는 팀장, 본부장 등 직책을 수행한다. 여러 경험을 토대로 타인을 리드하고, 의사 결정을 한다.

사다리와 정글짐 어느 것이 좋은지에 대한 정답은 없다. 모두 행복한 인생을 위해 존재한다. 최인걸은 정글짐 타입으로서 제너럴리스트로 성장하고 있었다. 그는 후배들에게는 경험을 많이 쌓으라고 말한다. 마치 미혼으로 사는 것보다, 결혼하고 후회하는 것이 미련이 없다는 지론 때문이다. 최소 해당 업무를 5년 정도 해야 전문가 위치에 설 수 있다. 최인걸은 그 위치에 서서 진부하다고 느끼면 해당 직무가 본인의 무덤이라고 여겼다. 그 진부함 속에서 혁신 마인드가 사라지고 느긋함으로 일관하기 때문이다. 루틴한 생활 속에는 창의가 없고 몰입 없이 혁신할 수 없듯이, 역경이 없으면 큰 성공을 거두기 어렵다고 판단했다. 그는 자신을 끊임없이 채찍질하는 방법은 새로운 업무를 수행하는 것이라 생각했다. 마크 트웨인이 말한 **"안전지대가 나를 구속하고 도태시킨다."**고 하는 것에 동의했다. 순환보직을 하는 첫날은 너무 힘들다. 다른 회사에 온 느낌이다. 내가 왜 왔을까? 한숨이 나오고 포기하고 싶다. 그렇지만 내 꿈이 경영진(제너럴리스트)이라면 과감히 이동해야 한다. 급변하는 미래를 위해 나 자신을 한발 앞서 단련시켜야 하기 때문이다.

스페셜리스트와 제너럴리스트

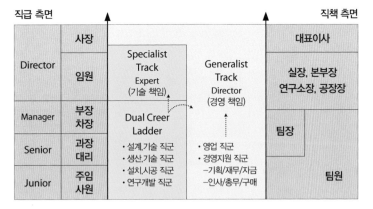

최인걸은 인사팀장이 되자마자 두 가지 숙제를 맞이했다. 첫 번째는 공사 외주비에 대한 보험 정산 회수 건이었고, 두 번째는 생산직의 퇴직 후 급여 회수 건이었다. 두 개의 풀리지 않는 난제가, 퇴근해서도 유령처럼 천장을 왔다 갔다 했다. 직장 생활에서는 어려운 숙제를 풀지 못하면 자리를 위협받는다. 특히 신임팀장은 그만큼 개선 압박과 주목을 받는다. 부임하는 순간, 돌파력 시험의 대상이 되는 것이다. 직장에서는 허니문 기간 따위는 없다. 치명적 근본 원인을 잡아채 시급히 개선해야 한다. 그 근본 원인은 일이 아니라 사람일 때도 있다. 그러면 원인 제공자를 뒤로 물러 앉혀야 한다. 우선 최인걸은 공사 외주비에 대한 기정산된 보험금의 회수를 추진했다. 노무사에게 일임하였다. 팀원들은 노무사 비용이 들어간다고 하면서 반대했지만, 최인걸은 전문성과 단시간을 고려하여 결정했다. 노무사비는 5천만 원 들었지만 한 달 만에 보험금 1.5억을 회수하여 최인걸은 회사에 잡이익으로 입금했다. 두 번째는 생산직이 급여를 받고 조기 퇴직해버림으로써 발생한 무노동 임금을 회수하는 문제였다. 이러한 급여 미수금은 점점 누적되어 150만 원이었는데 퇴직자들에게 전화하고 찾아가서 받아야 하는 상황이었다. 인사팀원들은 이런 일에 익숙하지도 않고 본인 잘못도 아니기에 회수를 꺼렸다. 최인걸은 자신의 월급에서 절반을 물어내고, 절반은 회사 손실로 감수하도록 보고하여 재가를 받았다. 팀원들은 최인걸이 왜 75

만 원을 본인 급여에서 공제하는지 의아해했으나, 곧 이유를 알게 되었다. 최인걸이 절반을 낸 이후로는 인사 담당자들이 절대 미수금이 발생하지 않도록 했다. 급여 일자 변경 등 시스템적으로 방지했지만, 무엇보다 정신력을 강화했기 때문이었다. 그것이 신규 부임자인 최인걸이 손실금을 감수한 이유였다. 솔선수범이 재발을 방지하게 만든 것이었다.

순환보직은 어렵다. 미지의 신세계이기 때문이다. 그렇지만 성취감은 어려움에 비례한다는 점에서 시도해봐야 한다. 난제를 해결하면 성공에 따른 희열도 높아지는 법이다. 내가 해보지 않은 일을 어떻게 어렵다고 하는가? 먼발치에 서서 타부서의 일을 어떻게 이해할 수 있겠는가? 초등학교 때 올라가던 정글짐을 생각해보면 그 불규칙한 사다리의 끝에도 top은 존재한다. 비록 일자 사다리처럼 편하지 않지만 정글짐은 두 칸을 올라가거나 거꾸로 매달리면서도 최적, 최단의 지름길을 찾을 수 있다. 불규칙이 오히려 창의 도출과 시간 압축을 돕는다. 그렇게 서서히 정상을 향해 간다.

키맨 싼타

현장에는 따뜻한 말 한마디가 중요하다

고된 현장의 시공 직원들에게는 따뜻한 말 한마디가 포상보다 더 중요하다. 프로젝트가 종료된 후에는 충분한 휴식을 주어야 한다. 휴식은 신선한 열정을 뒷받침하기 때문이다. 2009년. 최인걸은 부장으로 승진했다. 최 부장은 성실하고 성과 있는 사람이 기업에서 특별한 대우를 받아야 한다고 생각했다. 기업에는 흔히 A, B, C급으로 조직원들을 분리하는데, A급은 발화인(發火人)이다. 본인이 스스로 타오른다. 조직 인원 중 약 10% 정도 차지한다. 이들은 어느 곳에 놔두어도 그 일을 정리하여 보고하고, 조용하고 신속히 해결한다. 그리고 매번 개선을 생각하고, 일을 시스템으로 정착시키려고 노력한다. 누구든 해당 업무를 처리할 수 있도록 업무 표준을 만든다. A급을 부하직원으로 만나면 매우 편하지만, 상사로 만나면 일을 많이 배우는 반면 휴식이 감소한다. B급은 평범한 인원들이다. 조직의 80%를 차지한다. 그렇지만 B급 인원 중에도 상위 30%가 있다. 최인걸 부장은 이들을 B+라고 칭한다. 이들은 욕심이 많고, A급으로 이동하기 위해 노력한다. 사실상 기업은 B+에 의해 돌아간다. 이들은 아직까지는 A급이 아니기에 특별한 요구사항 없이 묵묵히 과업을 수행한다. 나머지 10%는 C급인데, 이들 중 상반은 교화해야 하고, 하반은 교체해야 한다. 즉, 상반은 교육과 징계 등을 통하여 변화시키거나 리뉴얼해야 하고, 하반은 신규 인원으로 과감히 교체를 진행해야 한다.

FPD로봇본부의 본부장이 인사팀장 최인걸을 찾았다. **"최 부장, 곧 있으면 명절을 맞아 내가 선물을 준비했는데, 사내 인원 중 키맨을 엄선해봐라. 다 줄 수는 없고 한 30명만 추려봐. 우리 본부 내에서 이런저런 소문 나면 안되니까 현장에서 고생하는 인원들 위주로 조용히 검토해봐."** "네~."라고 시원하게 대답했지만, 약 250명의 인원 중에 누구를 고른다는 말인가? 최인걸은 우선 본부 인원의 전년도 평가를 확인했다. 고평가자를 살펴보니, 20명이 있었다. 그들 중 팀장이 진급시키기 위해 높은 점수를 준 3명을 제외하니, 17명이 나왔다. 사업부장 및 팀장들 15명을 넣었다. 합계 32명. 현장을 살펴보니 PM들이 있었다. 집을 떠나 고생하는 인원들이었다. 그들이 결국 회사의 전면에서 고객과 대면하고 시공을 하면서 한 푼이라도 절감하고자 노력하는 이들이었다. 중요 현장의 PM 7명과 공장의 차세대 핵심 인원 3명을 더 추가했다. 42명. 아, 12명을 줄여야 하겠네. 그렇게 고민하고 있는데 본부장이 찾았다. 최인걸은 현재까지 정리된 자료를 보고했고, 본부장은 명단을 섬세하게 검토했다. 3개년 평가와 연봉, 상벌, 직급, 직책 등을 면밀히 확인했다. 최인걸은 자료를 다듬고 그 데이터를 토대로 본부장이 선별 작업을 하였다. **"최 부장, 내가 기재한 것을 마지막으로 확인해봐. 나도 뭐 당신 생각과 비슷해. 다만 몇 명은 내가 손을 좀 봤어."** 최인걸은 주욱 훑어보았다. 250명의 나열된 인사 정보 표에서 키맨 해당자는 마킹과 함께 선별된 사유가 적혀 있었다. **"전부 45명이네요. 네, 알겠습니다. 기안과 선물을 준비하겠습니다."**

최인걸은 왕갈비 세트 선물을 준비했고, 본부장의 명절 인사 편지와 함께 키맨들의 집으로 보냈다. 그러나 명절 직전이라서 8개는 택배 운송이 늦게 되는 경우가 발생했다. 선물에 유통기한이 있으므로 운송이 안 된 곳에 대하여 본부장은 최인걸에게 직접 키맨들의 집에 전달해 달라고 요청하였다. 추석 연휴 전날, 최인걸은 충청권까지 선물을 배달했다. 이미 연휴 귀향길이 시작되어 무척 막혔다. 새벽부터 출발하여 경기도권과 충청권을 돌아다니며 배달했다. 힘들었지만 무척 보람된 일이었다. 현장에서 고생하는 직원들의 아내와 부모들은 매우 고마워했다. 음료를 대접하곤 했지만, 머쓱하고 시간도 부족하여 선물만 전달해주고 황급히 나왔다. 최인걸은 케이크를 몇 개 사서, 아이들이 있는 집은 건네주었다. 마지막 집인 수원으로 향했다. 수원에 도착했을 때는 밤 9시가 다 되었다. 중국 항저우 현장 책임자로 가 있는 손 차장의 집이었다. 집에는 아이가 있는지 밖에까지 아이 울음소리가 들렸다. 최인걸은 한 손에는 마지막 선물 세트를, 다른 손에는 케이크를 들고 벨을 눌렀다. 손 차장 안사람이 나왔다. "손 차장님 댁이 맞으시죠? 전화 드렸던 회사의 인사팀장 최인걸이라고 합니다. 갑자기 찾아와서 죄송합니다. 사장님께서 명절 잘 보내시라고 선물을 보내셨습니다." 선물을 전달하는데, 사모님이 받으면서 얘기한다. "아? 네. 안녕하세요? 에고 이거 어쩌지요. 집안이 정신없어서. 우선 들어오세요." 가봐야 한다고 돌아서는 최인걸에게 재차 요청했다. "시간 괜찮으시면 잠깐만 들어오세요. 차라도 한잔하고 가세요. 남편 일이 궁금해서 그래요." 남편에 대해 궁금하다는 말에 최인걸은 지나칠 수 없었다. 5살쯤 되어 보이는 울던 사내아이가 낯선 이의 방문에 울음을 뚝 그쳤다. 녀석. 아직 눈물이 눈가에 맺혀 있다. 7살쯤으로 보이는 형도 손에는 장난감 칼을 쥐고서, 개구쟁이 얼굴로 최인걸을 물끄러미 쳐다보고 있었다.

최인걸은 식탁에 잠시 앉았고, 커피와 물 한잔이 나왔다. "사장님께 너무너무 감사드린다고 꼭 전해주십시오. 그리고 최 팀장님이라고 하셨나요? 인사팀장이시지요? 애 아빠가 얘기한 적 있어요. 함께 공장에서도 근무하신 분 아니세요? 사실 인사팀장님이 이렇게 선물을 직접 전달해주시다니 깜짝 놀랐어요." 손 차장 안사람의 목이 약간 메이고, 눈에 눈물이 살짝 고였다. "아~ 네, 제가 회사에서 뭐 별로 할 일이 없어서 그렇습니다. 손 차장님이 정말 고생이 많으시지요. 그 덕에 제가 먹고살고, 회사도 잘 나가고 있습니다." 최인걸이 웃으며 화답했다. "현장에 있는 사람이 뭐 대단하겠어요. 중앙에서 잘 좀 봐주세요. 그렇지 않아도 요즘 연락이 뜸해요. 그리고 많이 힘든가 봐요. 우리 애 아빠는 좀 어떤가요? 회사에서 뭐 특별한 일은 없지요?" 최인걸은 대답했다. "묵직하게 일을 참 잘하세요. 걱정하실 것 전혀 없습니다. 그래서 사장님께서도 이렇게 신경 쓰시는 거구요." 최인걸은 일어났다.

최인걸은 케이크나 선물 세트가 중요하다고 생각하지 않았다. 마음이 중요하다. 아울러, 고마움은 직접 표현하는 것이 가장 좋다. 두 달 전에 손 차장은 비자 갱신 문제로 중국으로부터 복귀하자마자 사표를 냈다. 팀장도 설득이 안 되어 본부장까지 사표가 올라왔다. 중국 현장에서 10개월을 있다 보니, 가족과 멀어졌고 와이프가 심한 우울증이 왔다고 했다. 본부장은 그를 타이르고 설득시켜서 사표를 반려했다. 그리고 그는 다시 중국 현장으로 갔었다. 그런 그가 현재는 손 이사가 되었고 해외 셋업을 총괄하고 있다. 손 이사가 최인걸 상무와 함께 소주를 한잔할 때면 꼭 선물 세트 얘기를 꺼낸다. "**그때 집에 와주어 고맙고, 집사람을 안심시켜 주어 고맙고, 회사에 꼭 필요한 사람인 것처럼 대해주어 고맙다.**"라고.

키맨싼타 최인걸

"그때 집에 와주어 고맙고, 집사람을 안심시켜주어 고맙고, 회사에 꼭 필요한 사람인 것처럼 대해주어 고맙다."

현장은 힘들고 지친다. 고객은 항상 우리를 압박한다. 현장 인력은 그 압박을 곰처럼 묵묵히 견디고 때로는 기술 지식을 활용하여 여우처럼 해결해야 한다. 협력사에는 사자처럼 으르렁거리며 납기 준수와 함께 좀더 나은 시공 품질을 요구하기도 한다. 이렇듯 현장 인력이 종종 야누스같이 행동해야 비로소 현장이 돌아간다. 그들에게는 포상이 답이 아니다. 자신들이 회사에 꼭 필요하다고 인지하는 것이 중요하다. 그들에게는 따뜻한 말 한마디, 어깨를 토닥거리는 손길이 필요한 것이다.

신인사제도 론칭

시작 없이는 성공도 없다

만사(萬事)가 인사(人事)이다. 모든 일의 시작과 끝에는 사람이 있기 때문이다. 인사를 명확히 하기 위해서 기업은 인사관리를 한다. 인사관리는 기업의 인적 자원의 잠재 능력을 최대한으로 발휘하게 하여 최적의 성과를 달성하도록 하는 체계적인 관리 활동을 일컫는다. 최인걸은 개인적으로 석사를 졸업 후 박사과정에 진학했다. 휴일은 도서관 혹은 회사에서 보냈다. 최인걸은 인사팀장으로서 회사에서도 공부해야 할 것이 만만치 않았다. 그러는 와중에 그가 인사관리를 제대로 배울 수 있는 기회가 생긴다. 바로 '신인사제도 TF'의 추진이었다. TF를 하면 단시간 내 공부를 많이 하고 정보를 체득하는 과정에서 전문가 수준이 된다.

2010년 6월. 딥오토메이션은 중대한 시점을 맞이하고 있었다. 1989년 창립 이래 지속된 인사 관행이 기업의 문화로 정착되었다. 기존의 인사 관행이 나쁘거나 부실하다는 것이 아니라, 새로운 패러다임에 걸맞은 신인사제도의 론칭이 필요했다. 아울러, 각기 다른 3개의 본부에서 실시하는 인사관리는 전사 인사 기준과 점점 멀어져 갔다. 즉, 인재상과 인사 원칙, 인사 규정 등 인사 기준이 너무 오래되었기에, 본부 실정에 적합한 인사관리 체계를 원하였고 일부 본부장의 재가를 받아 변경 시행을 하고 있었다. 기업의 저력은 혁신을 통하여 단번에 변화하는 것이 전부는 아니다. 해당 기업이 입고 있는 기준이 여태까지 걸어온 역사를 의미한다. 기준은 이렇듯 오랜 시간을 거치면서 그 기업에 적합하고 합리적인 제도를 형성하는 스타일인 것이다. 인자한 사장은 부회장으로 승진하면서 인사제도에 대한 대대적인 변화를 추구하고자 했다. 즉, 그룹의 핵심 가치의 계승과 함께 본부별 새로운 패러다임을 동시에 아우를 수 있는 인사제도를 필요로 했다. 각 본부장의 협의를 거쳐 인사제도 혁신을 '신인사제도 TF'를 통해 추진하기로 최종 결정했다.

먼저, 인사 전문 컨설팅 회사를 선정했다. BSC 혁신 활동을 함께 했던 컨설팅 업체 갈랩앤컴퍼니의 김규영 대표가 함께했다. 내부에서는 3개의 본부에서 전담 인원 4명과 3명의 파트타임이 선정되었다. 프로젝트 추진 단계는 계획 수립, 인사 제도 진단, 인사 원칙 수립, 전략 설계의 4개 phase, 10개 step으로 수행계획을 수립했다. 인사팀장 최인걸은 TF팀장이 되었다. 총 16주의 TF 활동이 킥오프 미팅과 함께 시작되었다. 금주와 차주의 주요 활동 사항과 함께,《성과 중심으로 일하는 방식》(류랑도 著)을 포함한 11권의 TF 리딩 리스트가 선정되었다. 각자에게 책이 지급되고 발제자도 지정되었다. 매주 금요일 8시 본인의 책을 읽고 내용과 소감을 발표하였다. 단기간 독서 후 발제 및 토론을 하는 과정에서 점차 강제적인 지식이 쌓이게 된다. 최인걸은 먼저 신인사제도의 지향점과 중점 과제를 정리하였다. 크게 ① 인사 전략, ② 기업문화, ③ 채용/유지/퇴직, ④ 평가 보상, ⑤ 교육훈련의 다섯 가지 영역을 중점 과제로 삼았다.

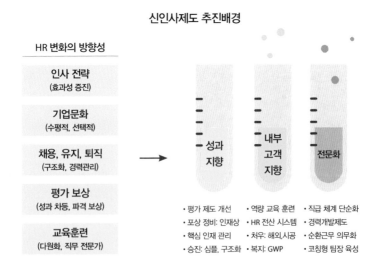

신인사제도 추진배경

HR 변화의 방향성

인사 전략
(효과성 증진)

기업문화
(수평적, 선택적)

채용, 유지, 퇴직
(구조화, 경력관리)

평가 보상
(성과 차등, 파격 보상)

교육훈련
(다원화, 직무 전문가)

성과 지향

내부 고객 지향

전문화

· 평가 제도 개선   · 역량 교육 훈련   · 직급 체계 단순화
· 포상 정비: 인재상 · HR 전산 시스템   · 경력개발제도
· 핵심 인재 관리   · 처우: 해외시공   · 순환근무 의무화
· 승진: 심플, 구조화 · 복지: GWP   · 코칭형 팀장 육성

그야말로 인사의 전반적인 사항을 모두 다루는 방대한 범위였다. 김규영 대표가 대화를 이끌었다. "안녕하십니까? 갈랩앤컴퍼니의 김규영 대표입니다. 반갑습니다. 저희가 추진해야 할 '신인사제도 TF'의 추진 일정에 대하여 간략히 소개하겠습니다. 먼저, 현재의 인사제도를 진단하도록 하겠습니다. 인사제도 진단을 위해서는 <u>전직원을 대상으로 설문조사를 실시</u>하겠습니다. 다음은 그룹 내 <u>팀별직무분석을 실시</u>하고, 행동 면접을 실시하겠습니다. 행동 면접이란, 회사의 주요 인사와 핵심 인재에 대한 인사 관련 바라는 방향성에 대한 인터뷰를 실시하는 것을 의미합니다. 이렇게 하면 3주가량이 소요됩니다. 이후, 회사 전체적인 워크숍을 실시하겠습니다. <u>워크숍에서는 인재상과 인사 원칙을 수립</u>하게 됩니다. 역시 회사의 주요 임원, 핵심 인재와 함께 지정된 장소에 가서 실시하고, 합의에 의해 인재상과 인사 원칙을 수립하고 나서 경영진께 상신하여 재가를 받습니다. 그다음에는 인사제도 개선 방안을 수립하고, PMS(Perfomance Management System)를 수립하겠습니다. '직원 역량 강화 방안'과 '실행 계획 수립'을 끝으로 일정을 마치도록 하겠습니다." 최인걸은 업무 분배를 어떻게 할지 질문했다. 김규영 대표가 설명을 이어나갔다. "좋습니다. 역시 경험들이 많으시니까, TF 활동이 스피드하네요. 인사제도 진단은 설문조사가 필요합니다. BSC에서도 활용했던 ERP 설문 기능이 있지요? 그 기능을 이용하여, 현재 인사제도에 대한 진단을 먼저 실시하도록 하겠습니다. FPD본부의 박 부장님이 좀 맡아주시지요. 그리고 직무분석은 반도체본부의 김 부장님이 진행해주시구요." 최인걸은 웃으며 말했다. "직무분석이 가장 중요하다고 생각됩니다. 팀별로 직무분석서에 직무를 분석, 취합해야 하니까요." 김 부장은 "네~." 하고 축 처진 목소리로 진행하겠다고 대답했다. "그리고 김 부장님은 오늘 나랑 소주 한잔합시다. 연료를 채우면 생각이 달라질 겁니다." 최인걸의 말에 김 부장은 "네!" 하고 갑자기 활력이 넘쳤다.

신인사 TF 추진 일정

계획 수립	인사제도 진단	인사 원칙 수립	전략 설계		
1	**2** 인사제도 진단	**5**	**6**	**7** 인사제도 개선 방안 수립	**10**
상세 추진 계획 수립	**3** 직무분석 실시	인재상 정립	인사 전략 방향 도출	**8** 개인 PMS 설계	실행 계획 수립
	4 행동 면접 실시			**9** 직무 역량 강화 방안 수립	
ALL	교육훈련 및 변화 관리				

최인걸의 질문이 이어졌다. "김 대표님, 다음은 행동 면접인데, 행동 면접이 무엇입니까?" 김규영 대표는 TF 일정표를 펼치며 답했다. "네, 행동 면접은 조직에서 탁월한 성과를 낸 인원들을 인터뷰하는 것을 의미합니다. 행동 면접 인터뷰의 목적은 우리 회사가 원하는 '핵심역량의 기준'과 '미래상'을 확인하는 것입니다. 또한 ① 행동 면접 인터뷰와 ② 직원들의 설문조사를 통하여 우리의 인사관리의 방향을 최종적으로 설정하기 위함입니다." 최인걸은 정리하여 말했다. "아, 이제 전체적인 큰 그림이 이해가 됩니다. 그러니까, 우리가 지금 해야 하는 ① 행동 면접과 ② 설문조사는 ③ 워크숍을 하기 위한 사전 작업이 되겠군요. 그리고 ③ 워크숍에서는 인재상과 인사 원칙을 합의에 의하여 도출하고, 그다음에 실제적인 인사제도를 개선하는 작업을 수행하는 것이네요." 김 대표는 고개를 끄덕이면서 말했다. "네, 정확합니다. 행동 면접은 여기 계신 분이 전원 하면 됩니다. 2인 1조로 진행하시고, 최인걸 팀장님과 저는 인터뷰 대상 인원을 선정하도록 하겠습니다. 행동 면접은 면접자와 질의자 모두에게 중요합니다. TF 인원은 질의자로서 인터뷰를 하면서 뜻밖의 많은 도움이 될 겁니다. 행동 면접 역시 제가 기초 면접지를 드리겠습니다." 최인걸은 조직도를 보면서 답했다. "알겠습니다. 그룹사 내 핵심 인원을 추리고, 사별, 직급별, 직무별 인원을 엄선하도록 하겠습니다. 인터뷰 체크리스트를 작성 후 미리 약속을 정하여, 인터뷰를 진행하겠습니다."

　박 부장은 김규영 대표가 준 기초 자료를 토대로 설문조사 내용을 작성하고 ERP에 업로드하였다. 기간은 일주일로 정했다. 최인걸은 계열, 직급, 직무별 우수 인원 10명을 추려 행동 면접에 들어갔다. 최인걸은 먼저 FPD본부의 강판매 전무와 만났다. "강 전무님 안녕하십니까? 미리 말씀드린 대로, 행동 면접 인터뷰를 진행하고자 합니다. 신인사제도에 필요한 인재상과 인사 원칙 수립을 위하여 방향성을 수립하기 위함입니다. 아울러, 핵심 인재들과의 인터뷰를 통하여 고성과자의 과거와 현재를 조명하여, 성장 배경과 비결을 들어보는 시간이 되겠습니다. 후배들을 위한다고 생각하시고 잘 부탁드립니다." 강 전무는 시계를 보면서 답했다. "고성과자는 무슨. 과찬입니다. 어서 시작합시다." 최인걸이 말을 이었다. "전무님께서는 오랫동안 대기업을 상대로 영업을 하신 바 있습니다. 역대 수주 누계도 1위이신데, 무슨 비결이 있으신지요?" 강 전무는 어깨를 으쓱하며 얘기했다. "회사가 존재하기에 수주가 된 것이지, 제 역량은 아닙니다. 하지만 저는 고객으로부터 배움을 실천하는 과정에서 수주가 이뤄졌다고 생각합니다. 고객이 요구하는 사항은 그냥 시키는 것이 아니라 필요에 의하기 때문입니다. 그분들의 요구에 대하여 그 진의를 꿰뚫고 기대 이상으로 응대해 드리는 과정에서 고객 감동이 있었습니다. 어차피 내가 모시는 고객이 잘되어야 진급도 할 것이고, 고객이 진급되어 행복해져야만 내가 존재하는 것 아니겠습니까?" 최인걸은 강 전무와 친분이 있었다. 그러나 그와의 술자리에서도 이와 같은 얘기는 들은 바 없었다. 그래서 이분이 1위구나. 고객을 위한 생각 자체가 다르구나. 에피소드를 부탁하자 강 전무가 대답했다. "회사로부터 처음으로 휴대폰을 받았습니다. 제가 처음 몇 달간 휴대폰을 베개 옆에 두고 잤어요. 그랬더니 집사람이 묻더군요. 당신은 울리지도 않는 휴대폰을 왜 머리맡에 두고 자요? 그렇게 회사에서 준 휴대폰이 좋아요? 그래서 내가 말했지요. 내가 잠잘 때도 휴대폰과 함께하는 이유는, 사고가 난 고객이 혹시라도 전화를 할까 봐서 그런다고 말이지요. 생각해보십시오. 고객이 밤중에 교통사고 등 혹시라도 사고가 났는데, 요행히 나에게 전화를 주어 위급을 벗어난다면, 나는 생명의 은인이 될 수도 있습니다. 얼마나 좋은 기회입니까?" 천상 영업자였다. 감동 그 자체가 밀려왔다. 잠에서 깨어나는 이유조차 고객을 지향하는, 실로 대단한 생각이 아닐 수 없었다. "대단하십니다. 그런 생각이 우리 회사를 경쟁사보다 한 단계 올려놓을 수 있는 원동력이라고 사료됩니다. 전무님 혹시 스트레스 관리는 어떻게 하시는지요? 에피소드가 있다면 한 말씀 부탁드립니다." 최인걸의 물음에 강 전무는 신이 나서 얘기했다. "스트레스요? 허허. 최 팀장도 잘 알다시피, 그냥 동료들과 술을 한잔합니다. 주말에는 가족과 교회를 다닙니다. 종교 활동의 평온함이 스트레스를 낮추는 역

할을 한다고 봅니다. 에피소드요? 생각나는 것 하나 말씀드리지요. 제가 부장 때 A 기업에 납품된 로봇의 품질문제로 불려갔습니다. A 기업은 10조 매출의 굴지의 반도체 장비 기업이지요. A 기업의 장 사장님은 제가 잘 알고 지냈는데요. 그분이 성격이 괴팍하기로 유명하신 분이었습니다. 사장실에 들어가자마자 욕을 엄청 먹었습니다. 그런데 솔직히 우리의 잘못이 별로 없었어요. 우리 장비의 잘못보다는 애초에 A 기업에서 설계 스펙을 잘못 알려준 것인데, 장 사장님이 화가 나니까 협력 업체인 우리에게 전화를 했던 것입니다. 한 시간을 열중쉬어 자세로 욕을 먹었습니다. 더는 참을 수 없어서 뛰쳐나왔습니다. 장 사장이 나가는 내 뒷모습에 대고 한 말씀 하시더군요. 이제 가면 다시는 나를 볼 생각 하지 말라고. 그래도 자존심이 있는지라 뛰쳐나왔습니다. 차를 타고 A 기업을 나왔는데, 도저히 화가 나서 그냥 갈 수 없더군요." 참으로 흥미진진한 얘기였다.

최인걸은 재차 물었다. "그래서 다시 들어가서 한바탕했습니까? 아무리 고객이라도 너무한 것은 얘기해야 하지 않습니까?" 강 전무는 되물었다. "최 팀장이라면 어떻게 했겠습니까?" 최인걸은 머리를 긁으며 얘기했다.  "글쎄요. 고객이라 난리 칠 수도 없고, 다시 가서 사죄하느니 자존심이 상하고. 참 난감한 딜레마입니다. 그렇지만 저라면 분이 차서, 가서 한번 붙었을 것 같습니다."

강 전무는 말했다. "나는 담벼락과 한바탕했습니다. 차로 A회사를 나와서 A회사를 한 바퀴 돌았어요. 그러면서 화가 난 마음에 큰소리로 욕을 해댔죠. 물론 차 안에서 말이에요. 한 10분간 A사를 돌며 욕을 크게 했더니, 마음이 이상하게도 누그러지더군요. 그리고 음료를 사 가지고 다시 장 사장님을 찾아뵈었습니다. 그가 놀라면서 묻더군요. 다시 안 볼 것같이 나가더니 왜 들어왔냐고. 그래서 제가 그랬죠. 사장님께서 하도 화가 나신 것 같아 비타민 보충해 드리러 매점에 갔다 왔다구요. 저도 장 사장도 크게 웃었습니다. 지금은 둘도 없는 파트너가 됐지요." 말문이 막히는 기묘한 해결책이었다. "전무님도 참으로 대단하십니다. 스트레스를 멋지게 유머로 승화시키셨군요." 강 전무도 웃으며 말했다. "나는 영업 담당이지만, CFO라고 생각합니다. 여기에서 F는 'Fun'을 의미합니다. 조직에서 재미를 책임지는 임원을 지향한다는 말이지요. 허허허." 최인걸도 무릎을 치며 얘기했다. "정말 재미있고 심오한 철학이십니다. 마지막으로 돌발 질문 하나 드리겠습니다. 혹시 지갑에 무엇을 넣고 다니시는지요?" 강 전무는 독특한 질문이라고 하면서 지갑을 꺼냈다. 검은색 장지갑이었다. 지갑의 내부를 펼쳐서 주었는데, 매우 깔끔하게 정리되어 있었다. 그의 성격을 말해주는 듯했다. "제 지갑에는 30만 원가량 현금과 명함, 신용카드, 여기까지는 누구나 마찬가지이죠. 그리고…" 지갑의 맨 안쪽에서 무언가를 꺼내었다. 오래된 누런색 종이였는데, 접힌 그 종이 사이에는 와이프와 딸 사진이 들어 있었다. 그 종이는 윤리 서약서였다. 윤리 서약서는 10년 전 윤리 경영을 시작했을 때 직원들에게 나눠주었던 것으로서, 윤리 선언문과 윤리 규정 10조가 깨알같이 기재된 명함 크기로 접히는 종이 카드였다. 그는 왜 이것을 들고 다닐까? 강 전무는 지갑에서 윤리 서약서 사이의 가족사진을 보며 말했다. "이 종이는 지갑에서 제가 법인카드를 꺼낼 때마다 보입니다. 영업하다 보면 접대비를 사용하게 되는데, 적합한 곳에 아끼면서 소중하게 사용해야 하기 때문입니다. 영업은 유혹이 많습니다. 그때마다 지갑을 떠올립니다. 그러고는 원점으로 돌리지요. 수주를 하지 못하더라도 향후 자칫하면 회사에 미치는 문제를 사전에 없애는 것도 영업의 몫이라고 생각합니다. 저에게는 계약에 눈이 멀어 윤리를 저버리는 일을 방지할 수 있는 가장 좋은 방법이 바로 윤리 서약서입니다." 지갑을 보자는 것은 최인걸의 애드리브였지만,

그 대답 역시 감동이었다. "오늘 말씀 감사합니다. 이상으로 인터뷰를 마치겠습니다. 시간 내주셔서 감사합니다." 강 전무도 화답했다. "네, 모처럼 내부 인터뷰를 하니까, 기분도 좋고 열정이 다시 솟는 것 같아 매우 좋습니다. 수고했습니다. 고맙습니다." 최인걸은 가슴이 먹먹했다. 같은 회사에 다닌다는 것이 자부심으로 느껴질 정도였다.

윤리 서약서

우리는 인간에 대한 신뢰와 존엄을 바탕으로 진일보한 자동화 기술 환경을 제공하는 역할을 수행하며, 각자가 최고의 윤리 가치를 공유하고 한 방향으로 실천한다.

우리는 기술 개척인으로서 긍지와 사명감으로 비효율, 이기심, 부정적 사고와 관행을 타파하고 국가에 이바지하고자 윤리 강령을 제정하여 다음과 같이 다짐한다.

1. 우리는 어떤 상황에서도 산업과 기술 발전에 맡은 바 소임을 다한다

2. 우리는 무한 경쟁 환경을 극복하는 최선의 방법을 기술 경쟁력 확보에서 찾는다.

3. 우리는 법규와 질서를 준수하고, 부정과 비리 척결에 앞장선다

Deep Automation

이후 TF 인원들은 각자 맡은 고성과자의 인터뷰를 진행하였다. 맨 처음에는 솔직히 이것을 왜 해야 하는지 몰랐다. 그러나 인터뷰를 시작하자마자 알게 되었다. 핵심 인재의 생생한 에피소드를 통하여 왜 그들이 고성과자가 되었고, 그들은 무슨 생각으로 어떻게 일을 처리를 했으며, 후배들이 그들의 어떤 핵심역량을 본받아야 하는지를. 인터뷰를 마치고 직무별, 카테고리별 정리를 했다. 10명의 직무별 고성과자에게서 후배들에게 물려줄 가장 훌륭한 DNA를 추출한 것이다. 이 DNA는 향후 '핵심역량 사전'과 'PMS'에 넣어져서 융합하게 된다. 그동안 박 부장은 설문조사를 취합하여 분석했다. 설문조사는 부문별로 체크를 하게 되어있는데, 방대한 질문의 양만큼 3일을 꼬박 분석했다. 결론적으로, 딥오토메이션은 부문별로 총 5단계 중 2단계가 나왔다. 직원들은 인사에 대하여 상당히 낙후되어 있다고 판단하고 있었다.

워크숍이 시작되었다. 1박 2일(금, 토)로 진행되는 워크숍은 세 명의 본부장을 비롯하여 총 40명이 참석하였다. 주요 일정은 ① 현행 인사제도 진단 결과 공유(설문조사 결과 포함) ② 선진 기업의 인재 경영(특강: 김규영 대표) ③ 조별 협의 및 토론(인재상, 인사제도 개선 방향, 인사 원칙) ④ 조별 발표 ⑤ 인재상, 인사 원칙 최종 정리의 순이었다. 이틀간 발표와 더불어 열띤 토론이 이어졌다. 참석자들은 처음에는 어색

한 출발과 함께, 인재상에 대한 중요성을 전혀 이해할 수 없었으나, 점차 흥미를 갖고 진지한 토론 끝에 조별 결론을 도출하고 발표했다. '인재상'과 '인사 원칙'이 정리되었다.

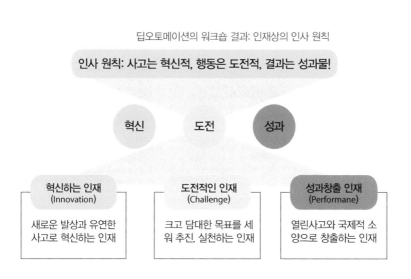

딥오토메이션의 워크숍 결과: 인재상의 인사 원칙

인사 원칙: 사고는 혁신적, 행동은 도전적, 결과는 성과물!

혁신　　　　도전　　　　성과

혁신하는 인재 (Innovation)	도전적인 인재 (Challenge)	성과창출 인재 (Performane)
새로운 발상과 유연한 사고로 혁신하는 인재	크고 담대한 목표를 세워 추진, 실천하는 인재	열린사고와 국제적 소양으로 창출하는 인재

워크숍을 통하여 인재상과 인사 원칙이 정해지자, TF에서는 본격적인 프로젝트가 시작되었다. 현행 인사제도 진단 결과와 설문조사에서 얻은 개선 방향성을 토대로 하여, TF 인원들은 I. 인사 전략, II. 평가 보상, III. 교육훈련, IV. 채용, 유지, 퇴직, V. 기업문화 등 5가지 영역별 산출물을 작성하게 되었다. TF 인원이 4주간 작성한

300장의 자료와 김규영 대표가 만든 역량 사전 및 PMS(Performance Management System) 자료 200장이 완성되었다. 최인걸 부장은 하계휴가도 반납하고 작업을 마무리 짓기 위해 안간힘을 썼다. 마지막으로 TF 인원들이 모여서 장기 Master Plan을 수립하였다. 3년간은 정착 기반을 구축하고, 그 후 2년은 인사 혁신 고도화로 마무리 지었다.

딥오토메이션의 인사 혁신 이정표

新인사 준비기 원년	新인사 도입기 1년	新인사 정착기 2년	인사 혁신 성숙기 3년	인사 혁신 고도화 4년
· 인재상 정립 · 방향수립 · 혁신 : PMS · 제도 신설 · 제도 개선 (평가, 승진 外)	· 제도정착 : PMS · 코칭 팀장 육성 · 핵심 인재 관리 · CDP 설계 · e-HR 개선 · 선택적 복지	· 성과주의 강화 · 인재관리 심화 · CDP 심화 · e-HR 정비 (교육, 평가 등) · 선택 복지 확대	· 성과주의 정착 · 복지 : 기금제 · 인재 육성 전략 · 경력 정보 Sys. · e-HR 활성화 · GWP 1단계	· 성과주의 가속 · 직무 등급 체제 · 인재 육성 심화 · Succession Plan · e-HR 고도화 · GWP 2단계

최인걸은 TF 활동을 마치고, 인사 규정을 정리했다. ERP 화면을 띄우자마자 좌측 상단에 누구든지 클릭하여 볼 수 있도록 인사 규정의 15개의 전문을 수록하였다. 신입, 임원, 시공 현장 혹은 중국

공장, 누구든지 언제나 볼 수 있기에 제대로 준수하라는 의미에서 시스템화한 것이었다. 본 '인사 규정 ERP 업로드'는 '신인사제도 TF'를 하면서 직원들이 설문조사에 올렸던 불만 개선을 근거로 했다.

신인사제도 TF도 시작할 때는 매우 힘들었다. 그래서 시작은 어렵고, 시작하면 절반에 도달했다는 평가를 받는다. 최인걸은 TF 활동을 통해서 인사 분야의 전반적인 사항을 꿰뚫게 되었다. 시작한 것만큼 성과를 낸 것이었다. 그는 어느덧 인사의 전문가가 되어 각종 인사 학회와 학술지에 글을 써서 제출하게 되었다. 특히 실제 사례가 가미된 〈딥오토메이션의 PMS 추진〉논문과 〈AHP를 활용한 직무등급별 연봉책정〉논문은 인사관리협회(KPI)에서 우수작으로 평가되어 연말 특집 기사로 메인을 장식했다. 하계휴가를 못 간 그는 가족과 함께 제주도에서 특집 기사를 보며 따뜻한 겨울 휴가를 즐길 수 있었다.

05

협상 시나리오

협상 전 사전 전략 회의를 하라

여러분은 협상을 많이 하는가? 직장에서는 협상이 일상이다. 회의, 대화, 보고 따지고 보면 모두 협상이 가미된다. 직장인은 특히 내부보다는 외부 협상을 중시한다. 중요한 외부 협상을 하기 이전에 내부 참석자들은 사전 전략 회의를 해야 한다. 세 가지 이유가 있다. 첫째, (목표 설정) 명확한 타깃 설정을 하기 위함이다. 협상에서 무엇을 말하고, 얻을 것인가? 우리의 방향으로 어떻게 유도할 것인가를 상호 확인해야 한다. 둘째, (예방점검) 실수를 방지하기 위함이다. 사전 시뮬레이션으로 각자 임무를 정하고 상대방의 유도 질의에 대하여 예상답변을 준비하는 과정에서 개인별 허언과 오판을 방지한다. 셋째, (전략수립) 상대의 허점을 이용하기 위함이다. 상대방 전략과 의견을 무색하게 만들 역전략과, 뒷받침할 촌철 논리를 미리 구상함으로써, 협상의 축을 우리에게 가져오는 것이다.

　최인걸은 협상에 대하여 내 의견 70%, 상대방이 30% 정도의 수준으로 매듭이 지어져야 윈윈(Win-Win)이라고 생각했다. 절반이 상호 공평한 양보 선이라고 봤을 때, 협상자도 20%(=70%-50%) 정도의 명분이 있어야 하기 때문이다. 즉 내가 상대방보다 20% 정도는 우위에 있어야 한다. 결국 협상은 내가 유리해야 한다. 그렇게 하라고 회사에서 나를 협상자로 지정한 것이다. 최인걸은 인사팀장을 하면서 총무 관제 업무도 관할하고 있었다. 장기보유 부동산으로서 가건물 기숙사가 있는 매각이 안 된 부지가 있었다. 톨게이트에 근접해 있지만 군부대 인근이라서 개발이 불가한 입지 특성 때문이었다. 당시 딥오토메이션은 유동자산 확보 및 종합부동산세를 절감하기 위해 매각이 절실했다. 해당 부지는 몇 해 전 40억에 매각 제의가 있었지만, 처분하지 않았다가 부동산 경기 하락으로 시가가 20억까지 떨어졌다. 오래간만에 개발업자 B 사장으로부터 매각 제의가 왔다. B 사장의 요구는 다음과 같았다.

1. 매수 금액: 25억
2. 해결 조건: ① 인허가 처리(농지 전용 허가 및 구거 용도 변경), ② 가
　　건물 철거(약 1.5억 소요)

3. 지급 조건: 계약금 10%, 중도금 20%, 잔금 70%

    딥오토메이션의 매각 요구사항은 최소 30억 이상이었으므로 최인걸은 40억쯤에 매도 제시를 했다. 사실상 협상이 어려웠다. 매매가도 맞지 않았으나, 인허가 및 가건물을 해결해야 하는 등 그 조건이 너무 까다로웠다. 최인걸은 담당자인 안정직 과장에게 협상 시나리오를 짜보라고 하였다. 그러자 안 과장은 "에~이. 팀장님, 전략이 뭐에 필요하겠십니꺼? 어차피 금액 싸움 아니겠습니까?" 최인걸은 질문을 했다. "그래 좋아, 매도가를 어떻게 해야 하나?" 안 과장은 신이 나서 말했다. "우선 40억을 고수하시지요. 가격에 절충점이 나올 것으로 봅니다." 최인걸은 인허가가 궁금해졌다. "그리고 인허가는 시간이 많이 걸릴 텐데, 어떻게 풀어나가야 하는가?" 기다렸다는 듯이 안 과장은 답했다. "인허가는 그쪽에서 알아서 하도록, 조건 없는 턴키로 계약을 시켜야지요." 최인걸은 고개를 갸우뚱했다. "그런 조건을 그가 받아들이겠는가?" 안 과장이 답했다. "딜을 걸어야 할 것 같습니다. 즉, 가건물 기숙사 철거를 우리가 해결해주는 조건은 어떨까요?" 최인걸은 고개를 끄덕였다. "으흠. 그것도 방법이겠군. 인허가는 상대방이, 가건물 철거는 우리가 한다. 그렇다면 지급 조건은 어떻게 할 것인가? 우리는 몇 %로 제시해야 할까?" 안 과장은 종이에 쓰면서 답했다. "팀장님, 우리가 계약금:중도금:잔금을

10:40:50으로 제시하면, B 사장이 10:30:60으로 물러서지 않을까 생각합니다." 최인걸은 그 종이를 가리키며 말했다. "거봐. 안 과장, 자네의 머릿속에는 전략이 있어. 그 전략을 글로 표현해보면 어떨까?"

한 시간 후, 머리를 긁적거리며 안정직 과장이 아래와 같이 정리해왔다.

1. 매수 금액: 40억(마지노선 30억)
2. 해결 조건: ① 턴키 계약(인허가 해결 B 사장이 해결), ② 가건물은 우리 측에서 철거(deal로 활용)
3. 지급 조건: 계약금 10%, 중도금 40%, 잔금 50%(마지노선 10:30:60)

최인걸은 본 사항으로 경영진의 재가를 받았다. 아울러 안 과장과 협상 전날에 충분한 전략 질의응답을 실시했다. 협상 일자가 되어 함께 미팅장소로 향했다. 예상대로, B 사장은 밀어붙이기 시작했다. 그러나 사전에 연습했던 문답 범위 이내였다. 우선 B 사장의 의견을 다 들어봤다. 다른 것을 원하는 것이 있는지도 확인해야 했다. 그리고 하나씩 풀기 시작했다.

첫 번째, 인허가 문제: 인허가는 B 사장이 지역 사람이므로 해당 지자체에 지인도 많고, 개발 전문 분야이므로 해결해달라고 하였다. B 사장이 한참을 생각하더니, 개발 전문가라고 띄워주자 **"그럼 그렇게 해보자."**라고 OK를 하였다.

두 번째, 가격 상담: B 사장은 25억을 그대로 유지했고 최인걸은 40억을 고수했다. 한 시간이 흘렀다. B 사장은 1억도 아쉬워했다. 간신히 34억 선에서 마무리되어 갔다. 그때, 안 과장이 기지를 발휘하여 가건물 철거비를 엮어나갔다. B 사장이 알아서 처리하면, 매도가를 우리가 1억 더 양보하겠다고 하였다. 즉 '33억에 어때?'라고 하자 B 사장이 덥석 물었다. B 사장 입장에서는 액면가를 낮출 수 있기 때문이었다. 그러고는 안 과장은 내 눈치를 보면서, **"아, 팀장님. 제가 잘못 말씀드렸습니다. 사장님, 없던 것으로 하겠습니다. 저희 팀장님께 허락받은 것이 아닙니다"**라며 한발 물러섰다. B 사장은 애가 타서 곧바로 최인걸을 쳐다보며 말했다. **"에이, 그런 게 어디 있습니까? 한번 얘기했으면 끝이지요. 안 그렇습니까? 33억에 합시다. 최팀장님."** 그는 빨리 협상을 마무리 짓고자 했다. 최인걸은 못 이기는 척 협상을 종결했다. 당일 부동산에 가서 준비된 계약서 파일의 세부 내용을 변경하여 프린트한 다음 도장을 찍었다. 최인걸은 사실 안 과장에게 차 안에 프린터기기까지 준비하라고 지시했었다. 언제 마음이 바뀔지 모르기에 곧바로 계약서를 프린트 아웃하기 위해서였다.

사전 협상 시나리오

	A안(최인걸)	B안(절충안)	C안(B 사장)
방향성	조건 없는 턴키계약	조건 없는 턴키계약	① 인허가 해결 후 계약 ② 가건물 철거
매도가	40억 (10 : 40 : 50)	**33억** (10 : 30 : 60)	25억 (10 : 20 : 70)
협상방안	① 상대방: 인허가 전문가 ② 가건물: 상대방 해결	① 인허가: 상대방 해결 ② 가건물: 모두 B 사장이 해결	① 인허가: 상대방 해결 ② 가건물: 모두 최인걸이 해결

40억	33억	25억
턴키 계약	턴키 계약	인허가

결국 최인걸은 시장가보다는 유리한 조건으로, 33억에 매각을 하였다. 만일 협상 전에 사전 전략을 수립하지 않았거나 시뮬레이션을 작성하지 않았다면 어떻게 되었을까? 아마도 B 사장이 짜놓은 전략에 넘어갔을 것이다. 엘빈 토플러는 말했다. **"당신에게 전략이 없다면, 당신은 타인의 전략의 일부이다."** 이처럼, 협상 전 준비가 안 되어 있었다면, 상대방의 제물이 될 것이다. 협상은 정보이다. 준비하고 협상에 나서자.

06

식당 Renewal

고객에게 영감을 줄 행동을 하라

우리는 고객에게 어떤 영감을 줄 것인가? 우리의 타깃은 누구이고, 그에게 어떻게 행동할 것인가? 영업을 하다 보면 고객 중에 키맨이 있고, 그에게 할 행동을 미리 생각해야 한다. 키맨들은 사람을 그냥 만나지 않는다. 회의를 하면 목적이 있고 성과로 매듭을 짓는다. 그러기에 키맨을 만날 때에는 무엇을 주고 얻을 것인지를 명확히 준비해야 한다.

최인걸은 어느덧 고참 부장이 되었다. 부장 5년 차. 딥오토메이션은 구내식당이 있었는데 최인걸의 관리 관할이었다. 구내식당의 업체를 변경하는 시기가 되었다. 현재 식당 업체는 D사로서 약속된 3년이 다가오고 있었다. 인사팀에서 직원들의 설문조사 결과, 여러 의견이 나왔는데, 정리를 해보면 세 가지이다. "첫째, 밥맛이 너무 없다. 반찬도 기대 이하다. 개선을 해달라. 둘째, 식사하는 데 너무 오래 기다린다. 대기시간과 동선을 절감해달라. 셋째, 식당 환경에 대한 개선이 필요하다. 디자인이 너무 구식이다." 직원뿐만 아니라 경영진에서 두 가지 미션이 내려왔다. "첫째, 식당 분위기를 총체적으로 개선하고, 둘째, 직원들이 편하고 고품질의 식사를 하도록 만들어라." 물론 단가를 인상하지 않도록 하면서 말이다.

식당 개선 배경 및 방안

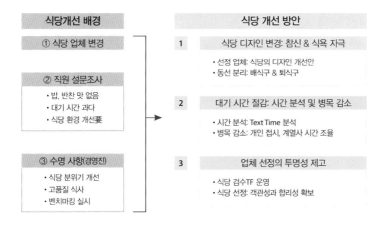

인간의 욕구 중 가장 근본은 식욕이다. 회사는 집보다 많은 시간

을 보내는 곳이다. 딥오토메이션은 중식뿐만 아니라 석식까지도 제공한다. 한국질병관리본부 통계상 2012년도 샐러리맨들의 아침 결식률이 43%임을 감안할 때 회사 밥이 사실상 전부인 것이었다. 식당은 업체를 바꾼다고 개선이 될까? 사실 쉽지 않다. 선택된 식당은 맨 처음에는 몇 개월간은 허니문 기간이라서 반찬이 제법 잘 나온다. 직원들은 육식동물이 된다. 그러다가 계약 종료 6개월 전까지는 허접한 반찬이 나온다. 초식동물로 돌아간다. 업체는 계약 종료가 임박해서는 재계약을 하기 위해 반찬을 환상적으로 내놓는다. 직원들은 다시 육식동물이 되는 것이다. 최인걸이 식당 사장에게 물었다. "우리가 염소도 아니고, 왜 갈수록 풀만 나옵니까?" 식당 사장은 손을 모으고 답했다. "아유~ 부장님, 처음에는 고기 위주 반찬을 냅니다. 그런데 직원들이 3개월 정도 고기를 먹으면, 차츰 질려서 고기 소비량이 줄어들어요. 그래서 그 이후로는 직원분들의 건강을 위해서 저희가 보유한 표준 레시피 2,500가지에 의거하여 건강식을 제공해 드리는 겁니다." 대답은 화려하다. 결국, 풀을 제공한다는 의미이다. 인자한 부회장이 최인걸을 불렀다. "최 부장, 식당 좀 럭셔리하게 만들어. A 업체를 벤치마킹해봐라. 내가 A 업체 사장님한테는 얘기해두었어. 내일 한번 가봐라. 알았지?" 그곳의 식당이 그렇게 좋은가? 다음 날 가보았다. A사 총무팀장이 직접 안내를 했다. 식당의 디자인은 깔끔하며, 단순하고 그냥 먹을 것이 상상되도록 그려져 있었다. 그리고 식사 공간과 배식 코너는 칸막이로 가려져 있었는데, 그 이유를 물어보니 식사하는 사람에게 배식의 복잡함을 안 보이도록 하기 위해서라고 했다. 최인걸은 문득 깨달았다. 그렇네. 우리는 주방이 그대로 오픈되어, 그릇을 치우는 소리, 부족한 반찬을 옮기는 소리, 동선이 얽히고설켜서 부딪치기도 하는 등 복잡한 구조인 데 반해, 이렇게 칸막이로 배식 코너와 식사 장소를 분리해놓으면 심플하고 조용하겠구나. 주방 내부는 적당한 크기로서 동선을 절감하였고, 냉장고와 오븐, 찜기구, 설거지 기계 등이 U자 형태로 효율적으로 배치되어 생산적이었다. 식당에서는 매주 금요일 특식과 한 달에 한 번은 경품과 사은품 등 이벤트를 유치했다. 식사 품질은 매우 우수했는데 단가가 좀 비쌌다. 아, 이런 곳을 부회장께서 보셨으니 우리 식당이 좋아 보였을 리가 만무했다. 그렇다고 우리가 무턱대고 따라 할 수 없고 갑자기 식단가를 인상할 수도 없었다. 어떻게 해야 할까?

최인걸은 딥오토메이션에 적합한 전체적인 콘셉트를 수립했다. 식당 업체의 선택이 중요한 것이 아니라 회사의 지향점이 중요했기 때문이다. 직원들의 설문조사를 토대로 개선 사항을 정리하였다.

첫째, 식당의 시각 디자인을 참신하고 밥맛이 나도록 바꾸자. 제안 업체가 식당의 디자인 개선안을 가져오도록 하고, 현재 결합된 배식구와 퇴식구의 동선을 분리해야 한다.

둘째, 대기시간을 줄이자. 대기시간을 스톱워치로 체크해보았다. 전체 반찬 배급에서부터 국 배식까지의 대기시간과 특히 병목 구간의 시간을 줄일 수 있도록 아이디어를 업체에 공모하자(도출된 예: 본부별 식사시간 조율, 영양식-야채 등 별도 코너 개설, 개인 접시에 반찬 제공, 대기열 2 track 증대 등).

셋째, 업체 선정 시 다양한 인원의 의견을 수렴하자. 각 본부에서 인원을 차출하여 '식당검수위원회'를 조성하고, 업체별 식당 검수 후 체크시트에 점수를 합산하여, 식당 선정에 따른 객관성과 합리성을 확보하자.

이렇게 개선 사항의 기준을 정하고 나서, 업체를 선정하기에 이르렀다. P, D, H 세 개의 회사가 입찰에 참여했다. 입찰자들에게 동일한 스펙을 제시하고 설명회를 했다. 며칠 후 30분 간격으로 입찰 PT를 진행하였다. 본부장과 식당검수위원회가 참석했다. 먼저, P사가 들어왔다. 전체적으로 심플하고 현실에 적합한 PT 준비를 해왔다. 캠페인과 특식을 제공하는 것도 잊지 않았다. 다음은 D사가 설명했다. 프레젠터의 직급은 대리였는데 참신하고 또박또박한 언어로 잘 설명해주었다. 내용보다는 설명이 우수했다. 그다음 마지막으로 H사가 설명을 했다. 그런데 H사의 영업자가 마술을 준비했다고 하였다. 마술은 카드를 한 장씩 고르고 뽑은 다음, 패를 맞추는 마술이었다. 눈앞에서 마술이 펼쳐지니 신기했다. 그리고 PT를 실시했다. PT는 상당한 수준급으로 화면과 대화를 외워서 진행하였다. H사도 한 달에 한 번의 특식과 추첨을 통해 사은품을 제공하겠다고 했다. 그리고 PT가 끝나고 추첨을 하겠다고 했다. 사은품은 20만 원 상당의 외식 상품권이었다. 식당검수위원들 모두가 초집중 상태가 되었다. 선정 방식은 뽑기로 진행했는데 약 30장 중에서 하나만 되는 것이었다. 모인 사람이 15명이니까 모두 꽝이 될 수도 있다. 다들 열심히 뽑았는데, 운이 좋았는지 최인걸이 뽑은 종이가 당첨되었다. 때마침 위원 중 생일자에게 상품권을 양보해 주었다. 최인걸은 입찰 이후 곰곰이 생각해보았다. H사는 준비가 많이 되어 있었다. 오죽하면 PT 전에 마술을 했겠는가? 아울러 그가 '의사 결정의 키맨'이라는 것을 명확히 알고 있었다. 사은품이 의도적으로 최인걸에게 선택되도록 했던 것이다. 그들은 대기업인데 한 번 계약하면 2년 동안 매출을 확보한다는 점에서 워낙 치열하다 보니 다양한 방법으로 고객을 유치하였다. 선정을 받기 위해서라면 엔터테인먼트도 마다하지 않는 영업을 하는 것이었다. 결국 H사가 아닌 P사로 확정되었고 최인걸은 H사 영업자에게 감사하다는 입찰 종료 전화를 하였다. 그 영업자는 웃으며 화답했다. **"부장님, 아쉽지만 2년 후에는 꼭 저희를 선택해주십시오. 잊지 말고 연락해 주십시오. 감사합니다."**

고객은 갈대와 같다. 고객은 나에게 이득이 된다면 계약 전에 '말 바꾸기'는 충분히 가능하다고 여긴다. 이런 갈대를 잡기 위해서는 고객에게 영감을 주어야 한다. 뇌리에 지워지지 않는 영업자는 몇 년이 지나도 그 당시 노력했던 전략과 열정이 새록새록 기억난다. 그래서 선택한 다른 회사가 문제가 있을 때마다, 그 영업자의 폰 넘버에 손이 가는 것이다. 비즈니스에서 나는 고객에게 어떤 영감을 줄 것인가를 치열하게 고민해야 한다. 그 영감을 전략적으로 개발하는 것을 '가치제안(Value Proposition)'이라고 부른다.

임원 목에 방울 달기

나는 압박을 즐긴다

그랜드슬램을 세 번이나 제패한 골프의 제왕 잭 니클라우스의 말이다. 최인걸의 책상에는 이 명언이 꽂혀있었다. 누가 압박을 좋아할까? 세상에 압박을 좋아하는 사람이 얼마나 되겠는가? 압박, 단어 그 자체만으로도 숨이 가쁘다. 압박을 왜 즐겨야 할까? 압박은 성장을 의미하기 때문이다. 모든 탁월한 성장의 배경에는 강도 높은 압박이 있다. **"산고의 고통을 겪어야 새 생명이 태어나고, 꽃이 져야 열매를 맺으며, 가장 어두운 새벽 이후 동이 튼다."**라는 김구 선생의 말처럼, 엄청난 압박을 이겨내고 나면 그 이상의 성장이 찾아온다. 2013년 최인걸은 이사를 달았다. 이사가 비록 초급 임원이지만 HR 그룹장으로서 별을 단 것이다.

축하 선물이랄까? 최인걸은 경영진으로부터 어려운 숙제를 부여받았다. 연말에 전사적으로 임원에 대한 평가를 하라는 오더가 부회장실로부터 내려왔다. 딥오토메이션의 임원은 상무이사 이상을 말한다. 직장에서 임원은 임시 직원의 준말이다. 임원들은 경영진의 의견을 적극적으로 수용하여 현업이 그 의견에 대한 성과를 낼 수 있도록 만드는 과정에서 상당한 스트레스를 받는다. 즉 이상과 현실의 차이를 어떻게 해서든 극복하려는 회사의 임시직인 것이다. 그러기에 임원은 실적에 항상 목마르고 시달린다. 임원도 실적에 따른 평가를 두려워한다. 임원도 샐러리맨이기 때문에 의당 거부감이 있는 것이다. 인사팀장은 힘 있는 임원들을 평가함에 있어 평가 지표의 합리성이 부족하면 종종 파워에 밀린다. 그러나 인사팀장은 인사 문제에 있어서는 임원과 동등한 위치이다. 임원의 채용, 승진, 평가, 퇴직 등 모든 것이 인사팀장과 결부되기 때문이다. 임원들의 평가안을 새로 만든다는 소문이 나자, 임원들로부터 전화가 폭주했다. **"이봐, 최 이사! 갑자기 무슨 평가를 어떻게 한다는 겁니까?"** 최인걸은 대부분 답변을 피했다. 아직 어떤 보고서의 상신도 이뤄지지 않았기 때문이다. 평가를 하는 이유 정도만 설명했다. 임원들은 정량화되지 않았던 평가를 갑자기 진행한다고 하니 신경이 날카로워질 수밖에 없었다. 대부분 임원은 가정에서 가장 많은 급여를 필요로 하는 시기이다. 자식은 대학 생활을 하고, 본인은 은퇴를 준비해야 하기 때문이다. 최인걸은 와글거리는 임원들과 이런저런 통화를 하다 보니 머리가 복잡해졌다.

최인걸 이사는 평가와 관련해서 보고서상에 구구절절 설명할 필요가 없다. 이미 다수의 평가 전문가들이 강조한 논문과 책이 있었다. 최 이사는 팀원에게 지시하여 우리 조직에 가장 적합하도록 평가 방법을 작성하여 보고하라고 지시했다. 최 이사는 일차적으로 작성해서 가져온 팀원의 리포트를 가지고 본인이 임원 평가를 직접 마무리 짓기로 했다. 임원 평가를 팀원이 지속 작성하다 보면 자칫 정치적으로 휘둘릴 수 있고 보안 유지에 각별함이 필요했기 때문이다. 주요 어젠다를 선정했다. 1. 임원 평가의 배경, 2. 임원 평가의 당위성 및 목적, 3. 임원 평가와 직원 평가의 차이점, 4. 임원 평가의 내용, 5. 글로벌 기업 벤치마킹으로 구성했다. 대개 보고서는 이론을 중심으로 한다. 그렇지만 그 이론에서 논리를 추출해서 딥오토메이션에 적합하도록 동화시키는 것이 중요하다. 먼저, 무엇을 정리할까? 첫째, 평가 방안을 정리했다. 대상은 실장 이상으로 했다. 3본부에 14명이 대상이었다. 둘째, 평가 방법을 정리했다. ① 성과 평가(80%), ② 역량 평가(10%), ③ 다면 평가(10%)로 구성했다. 복잡하다고 좋은 평가는 아니다. 임원답게 굵직하면서도 성과 위주로 평가하면 된다. 셋째, 평가 프로세스로서 ① 평가안 작성, ② 각 본부장 결재, ③ 부회장님 결재를 받아서 시행하자. 넷째, 평가 양식은 ① 성과 평가는 성과 기술서를 작성하고, ② 역량 평가는 역량 평가서를 구비하자. 그리고 ③ 다면 평가는 ERP상에서 360도 평가(상중하) 양식을 집계 후에 가공하면 되겠다.

최인걸 이사는 보고서를 작성하여 결재판에 넣어서, 제일 먼저 FPD로봇본부장(이하 A 사장)을 찾아뵈었다. 비서가 제공한 뜨거운 아메리카노가 목을 타고 들어갔다. 커피가 선사하는 쩽~한 느낌과 함께 사장이 말했다. "최 이사, 진급 축하해. 그런데 임원 평가안을 대체 누가 이렇게 만들라고 지시했나? 부회장님이 이렇게 하실 리는 없고, 자네가 멋대로 전부 결정하는 거야? 내가 부회장님을 독대할까?" 최인걸은 순간 경직되었다. 하마터면 커피잔을 놓칠 뻔했다. "아닙니다. 사장님, 무슨 일로 그러시는지요?" 사장은 아직도 화가 나 있었다. "몰라서 묻나? 내가 결재하면 끝이지. 부회장님께서 결정을 또 하시는가?" 최인걸은 당황하여 말했다. "임원의 평가에 대해서는 부회장님께서도 알고 싶어 하셨기에 사장님께서 평가한 것을 승인하시는 것입니다." 그랬더니 A 사장이 더 격노했다. "평가가 사장 전결이 아니라면, 누가 사장 얘기를 듣겠는가? 예를 들어 김 상무에게 내가 C를 주었는데, 부회장님이 A를 주신다면 어떻게 되느냐는 말이야." A 사장의 말에도 일리가 있었다. 그러기에 임원 평가는 어려운 것이었다. 임원 중 한 명은 훗날 사장으로 성장한다. 현재 사장은 그런 임원을 키워내야 한다. 그렇지만 반대로는 그 후계자가 사장을 퇴출시키는 경쟁자로 성장할 수도 있다. 그래서 2인자의 작은 실수도 용납하지 않고 단호히 내치는 사장도 있었다. 최인걸은 말을 이었다. "사장님의 말씀은 알겠습니다. 그렇다면 부회장님은 참조하시는 것으로 결재란을 없애고, 세 분의 본부장님의 임원 평가가 된 자료를 보여 드리고 종합 결재만 받겠습니다. 그러면 괜찮으신지요?"라고 중재안을 냈다. A 사장님은 한결 누그러졌다. "최 이사, 내가 평가를 뭐 내 맘대로 하자는 것이 아니야. 직장에서의 힘은 인사권인데, 결국 인사권은 ① 평가권과 ② 결재권 두 가지 아닌가? 임원들에 대해서도 이 두 가지의 권한을 잃는 순간, 사장이라는 직함은 내려놓는 것이 맞아. 안 그런가?"하고는 간신히, A 사장의 결재를 받았다.

최인걸과 임원들의 소리 없는 전쟁. 임원 평가

임원 평가	평가 방법	평가 tool	주요 평가 내용
	성과 평가 80% 본인 CEO	성과 기술서 (고과 평가)	① 금년도 계수적 경영 성과(유형) ② 금년도 질적 경영 성과(무형) ③ 중장기 성장 기반 구축 ④ 부진 사항 및 주요 실책
	역량 평가 10% 본인 CEO	역량 평가서 (5점 척도)	① 공통 부문: 직업 윤리, 성과 지향 ② 전문 부문: 목표 달성, 직무 지식 ③ 리더십 부문: 직원 육성 & 관리
	다면 평가 10% 360° 평가	다면 평가 (360° 평가)	① 평가 내용: ERP 역량 평가 내용 ② 집계 방식: 인사총무 집계 후 대표이사 보고

반도체로봇본부(이하 B 부사장)로 향했다. B 부사장은 중국차를 한 잔 주셨다. 역시 뜨거운 차였다. 최인걸은 마음의 준비를 했다. 그런데 B 부사장은 평가 대상에 대하여 불만이 있었다. **"최 이사, 전체적으로 마음에 안 들지만 특히 평가 대상이 왜 실장 이상인가? 실장 말고도 팀장급에도 임원들이 더 있는데, 예를 들어 차 이사 말이야. 차 이사는 팀장이지만 사실상 영업을 총괄하고 있어서 실장과 동급 아닌가? 실장만 평가한다는 것은 좀 형평에 어긋나는 것 같아."** 반도체로봇본부는 임원이 8명으로 제일 많았다. B 부사장 1명을 제외하고 실장 3명, 팀장이 4명이었다. B 부사장은 팀장 4명 중 차 이사는 실장과 동급이므로 부회장이 평가해야 한다는 의미였다. 즉, 머지않아 몇몇 실장을 구조조정하겠다는 의지가 담겨 있었다. 최인걸 이사는 이러한 의중을 간파했다. 최인걸은 질문을 했다. **"부회장님께는 여러 임원 중에 직책자만 보고를 드리는 것이 맞다고 봅니다. 왜냐하면, 실장 이상의 임원들은 조직 성과에 대하여 책임을 져야 하기 때문입니다. 그런 면에서…"** 이때 B 부사장이 말을 끊으며 말했다. **"야, 최 이사! 그럼 실장 중에 임원이 아닌 사람에 대해서도 임원 평가를 할 것인가? 이건 모순 아닌가?"** 사실 실장 3명 중에 임원이 아닌 사람이 한 명 있었다. **"그건, 사장님께서 임원은 아니지만 능력이 있기에 실장에 임명하시지 않으셨습니까, 사장님. 직책이 없는 임원까지 전부 평가하여 회장님께 상신한다는 것은, 임원 평가의**

핵심과 거리가 있습니다." 그렇게 설득에 설득을 하여, B 부사장의 결재를 간신히 득했다.

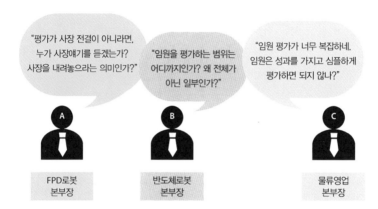

임원 평가의 본부장 의견

"평가가 사장 전결이 아니라면, 누가 사장얘기를 듣겠는가? 사장을 내려놓으라는 의미인가?"

A

FPD로봇
본부장

"임원을 평가하는 범위는 어디까지인가? 왜 전체가 아닌 일부인가?"

B

반도체로봇
본부장

"임원 평가가 너무 복잡하네. 임원은 성과를 가지고 심플하게 평가하면 되지 않나?"

C

물류영업
본부장

신규 본부인 물류영업본부(이하 C 전무)로 갔다. C 전무는 임원 평가서 자체에 대해서 강조했다. 임원 평가서가 너무 복잡하다고 했다. 결국 성과 기술서를 심플하게 수정했다. 내용을 수정하여 또 본부장 A→B→C 순으로, 결재를 받았다. 내부 기획실과 경영지원실 결재까지 포함하여 무려 2주일이나 소요되었다. 그동안 최인걸 이사는 부회장님 비서실의 독촉을 수차례 감수해야 했다. 결국 부회장께 결재를 받으러 갔다. 최인걸의 심장이 두근거렸다. 부회장께서

"NO!" 하면 어떻게 하지? 처음부터 다시 작성해서 본부장의 결재를 받아야 하므로 그 압박감은 엄청났다. 임원 평가안을 차분히 설명을 드리고 나서 부회장이 말했다. **"임원의 그릇에 따라서 회사의 그릇도 차이가 나는 법이다."**라고 하고는 꾹꾹 결재를 했다.

최인걸은 임원 회의에서 임원들에게 '임원 평가안'을 브리핑했다. 임원들의 볼멘소리가 들렸다. 감히 누가 고양이에게 방울을 다느냐고 윽박지르는 듯 웅성거렸다. 그러고 나서, 그해 말 임원 평가가 시작되었다. 임원들이 개별로 인사팀을 타박했다. 성과 기술서에 무엇을 어떻게 적으라는 것인지, 평가를 이렇게 실적 위주로 하면 어떻게 하냐는 등, 여러 가지였다. 왜? 기분이 좋지 않은 것이다. 특히 실적이 좋지 않은 임원들은 결국 부회장께서 본다고 하니 더욱 기분이 좋지 않았다. 그 기분은 고스란히 최인걸 이사에게 전해졌다. 그렇지만 최인걸은 이에 굴하지 않았다. 최인걸은 압박을 많이 받으면서 성장했다. 이렇듯 압박 속에 성장한 사람은 웬만한 비상사태가 아니면 평정성을 잃지 않는다. 평상시 압박에 시달리면서 여러 가지 비상 대책을 생각해놓기 때문이다. 그동안 누구도 진행할 수 없었던 고양이에게 방울을 단 미키마우스 최인걸은 훗날 임원 평가를 반석 위에 올려놓은 인사팀장으로 평가받게 되었다.

그 결제 압박의 결과로서 임원들의 성과에 대한 평가는 지금도 지속되고 있다. 최인걸은 압박을 감수하는 것보다는 즐겨야 한다고 생각했다. 각 본부장과 임원들의 쏟아지는 전화 속에서 인사팀원이 물었다. "최 이사님, 이렇게 달달 볶이는데 지금 밥이 넘어가십니까?" 최인걸은 웃으며 답했다. "그럼 이만한 일로 밥 굶는가? 압박도 내 성장판의 일부야. 즐기고 웃자고. 허허."

08

시무식, 열정 콘서트

담장자의 열정이 사라지는 순간, 실패할 확률은 90%이다

모든 일에는 담당자가 있다. 그 담당자가 그 일에 대하여 명확한 의지가 없다면 해결하기 어렵다. 그래서 통상적으로 일을 시작하기에 앞서, 담당자는 리더에게 계획과 전략을 수립하여 보고한다. 보고 과정에서 그 일의 성패가 결판난다. 보고서를 설명하는 담당자의 말과 행동에 그려져 있다. 리더는 업무 추진 전 담당자가 그 일을 소화할 수 있도록, 방향성과 열정을 불어넣어 주어야 한다. 그것이 리더가 할 일이다. 리더가 명확하게 해결의 방향성을 주지 않으면 담당자도 해결의 칼끝이 무디어질 수밖에 없다. 그런 상태에서 담당자가 현명한 해답을 가지고 오긴 어렵다. 그런데도 리더가 담당자를 질책한다면, 담당자는 'No 답 게임', 혹은 '내가 타깃'이라고 자책하게 되는 것이다.

딥오토메이션은 매년 시무식을 1월 1일에 진행하는데, 행사를 항상 보수적이고 진중하게 진행하였다. 진행 순서는 ① 국민의례, ② 신년사, ③ 경영계획 및 방침 발표, ④ 신년 하례식 순이었다. 최인걸 이사는 이런 고리타분한 시무식을 무척 싫어했다. 그렇지만 최인걸 마음대로 전통적인 룰을 깰 수는 없었다. 그도 전임자처럼 시무식을 주관하고 사회를 봤다. 3년 연속 적자 상태로 딥오토메이션은 심각한 재정난에 시달리고 있었다. 반도체와 FPD시장이 동시에 다운되고 있었고, 신수종인 물류로봇 사업의 상당한 투자로 인하여 여러모로 어려움을 겪고 있었다. 반도체로봇과 FPD로봇이 그나마 딥오토메이션을 버텨주고 있었다. 회사는 전반적으로 무거운 분위기였다. 직원들도 활기가 없고, 반도체와 FPD본부의 직원 입장에서는 열심히 일을 해도 인센티브를 받지 못하여 잔뜩 독기 어린 상태였다. 시무식이 있기 이틀 전에, 강판매 전무가 최인걸을 찾아와서 팀원 전체 회식을 시켜주었다. 팀원들은 몇 개월간 회식이 없던 터라 모처럼 즐거운 식사와 함께 활력이 넘쳤다. 강 전무가 술잔을 권하며 물었다. **"최 이사, 요즘 많이 힘들지? 그래, 그렇지. 그렇지만 자네가 힘이 없으면, 조직 전체가 무력해지는 거야. 한잔해!"** 강 전무는 2차로 호프집에 갔다. 7080 분위기의 노래를 부르는 무대가 있는 술집이었다. **"최 이사, 자네가 조직을 좀 바꿔봐. 지금 활력이 너무 없어. 죽은 조직 같아. 본부직원들이 눈치를 보고 복지부동이야. 이게 말**

이 되나? 이럴 때 인사팀이 나서서 직원들의 분위기를 상승시켜야 하는 거야." 최인걸은 강 전무가 주는 술잔을 받으며 물었다. "하지만 요즘 같은 때에, 어떻게 분위기를 띄우겠습니까?" 강 전무는 술을 따르며 답했다. "자네에게 열정이 있어야 돼. 자네가 조직의 분위기를 바꾸겠다는 의지가 분명해야 해. 그래야 바뀌는 거야." 최인걸은 솔직히 강 전무의 얘기를 이해할 수 없었다. 내가 뭐라고 침울한 조직 전체의 분위기를 바꿀 수 있겠는가?

그러나 화장실에 갔다가 돌아온 그는 놀라운 광경을 목격했다. 강 판매 전무가 무대 위에서 드럼을 신나게 치고 있었다. 최인걸은 그가 이렇게 드럼을 멋지게 다룰지 몰랐다. 그가 신나게 드럼을 두들기자 주변의 사람들이 무대 위로 하나, 둘 나오기 시작했다. 어느덧 관중은 춤추고 노래 부르는 광대가 되어갔다. 노래에 맞추어 멋진 드럼 연주가 끝나고, 박수에 앙코르 공연까지 마치고 강 전무는 자리에 돌아와서 맥주를 시원하게 한잔했다. "최 이사, 이렇게 바꾸란 말이야. 내가 드럼을 미친 듯이 치니까, 사람들이 즐거워하고, 동참하지 않나. 내가 미치지 않으면, 이 호프집에 있는 사람들이 함께 즐길 수 있겠어? 어때?" 최인걸은 무릎을 치며 말했다. "아, 제가 미쳐야 하겠군요. 그러기 위해 저 자신이 엄청난 열정이 있어야 하겠군요." 강 전무는 맥주를 한잔하더니 무대에 나가기 전에 한마디 했다.

"그래, 조직을 변화시키는 것은 자네가 곰곰이 생각해봐. 그러면 반드시 답이 있어. 돈이 문제가 아니야. 돈보다 더 중요한 것은 자네의 열정이야. 방법을 찾아."

열정콘서트 식순

순번	구분	내용	담당자(Time)	비고
1	Opening	전년도 주요 행사 사진전	사회자	
2	힐링 Time	해설 있는 클래식	사회자(5")	〈영웅 교향곡〉
3	福 한마디	부회장, 본부장	대표(30")	
4	목표 공유하기	㈜딥이노베이션 금년 목표	기획실장(5")	
5	소망합니다	소망 비행기 날리기	전원(20")	상품 추천
6	복 받으세요	임직원 상호 신년 인사	전원(10")	

사회자: 최인걸 팀장, 소요시간 1hr

최인걸은 집으로 돌아오면서 곰곰이 생각했다. 그리고 불현듯 떠올랐다. 시무식! 시무식을 열정의 무대로 바꾸면 어떨까? 그런데 준비 시간이 너무 부족하다. 잠을 자는 둥 마는 둥 하고, 다음 날 팀원들과 미팅을 했다. 12월 31일. 내일이 시무식인데 갑자기 어떤 행사를 준비할 수 있겠는가? 그래서 협업이 중요했다. 최인걸이 고민을 토로하자 팀원들도 고심했다. 여러 가지 제안이 나왔다. 안타깝게도 비용이 소요되었다. 예를 들면, 3중주 오케스트라를 초대하는 것, 마술쇼, 유명 강사 초청 등이었다. 안 과장이 머리를 긁적이며 말했다. "팀장님, 세상에 돈이 안 드는 행사가 어데에 있습니까? 말이 되능교? 내일이 시무식인데, 갑자기 행사의 컨셉을 변경한다는 것은 무리입니다." 최인걸도 고개를 끄덕이며 이해했다. 그때 이 대리가 웃으며 말했다. "호호! 팀장님, 그럼 우선 명칭을 바꿔보면 어때요? 예를 들어 콘서트는 어떨까요? 그냥 시무식이 아니라, 내년도가 계유년이니까 '계유년 콘서트'라든지, 어, '열정콘서트'라든지. 좀 이상한가? 아무튼 제가 어제 〈개그콘서트〉를 다녀왔는데요. 정말 너무 재미있더라구요. 호호호." 안 과장이 넉살을 떨었다. "아, 역시. 이 대리, 캬~ 이제 시집갈 때 됐꼬마. 머리가 잘 돌아가네 마. 열정콘서트, 명칭 좋네요." 정 대리도 한마디 했다. "팀장님, 저도 곰곰 생각해봤는데요. 이 대리 말대로 '열정콘서트'라고 시무식을 한다면, 클래식 공연이 있으면 어떨까 싶습니다. 돈이 안 드는 클래식 공연. 유튜브에서 유명 콘서트를 동영상으로 시청하면 어떨까요? 돈도 안 들고, 음악 콘서트 같은 분위기도 연출하고. 헤헤. 제 생각입니다." 강 차장이 거들었다. "저도 정 대리 의견에 동의합니다. 요즘 부회장님실에서도 클래식을 자주 들으시는 것 같더군요. 제가 잘은 모릅니다만, 왈츠나 음~ 베토벤의 〈영웅 교향곡〉은 어떨까요? 귀에도 많이

익고, 베토벤이 나폴레옹을 생각하며 지었다고 하니까, 전승 의미도 있고, 새해 첫날 영업 수주 많이 해오라는 차원에서요." 안 과장이 큰 소리로 만류하며 말했다. "강 차장님, 아이고 혼자 승진할라 카나. 왜 결정적인 아이디어를 내놓고 그럽니까? 치사하구로. 내는 마 생각나는 게 트로트밖에 없구만. 팀장님, 저도 잠깐 생각이 났는데요. 우리만 뛰어다닐 것이 아니라, 직원들이 액션을 취하게 하면 어떻습니까?" 최인걸이 물었다. "안 과장, 처음으로 아이디어를 내는 것 같구만. 어떻게? 강당에서 체육대회를 할 수도 없고." 곰곰이 생각하던 안 과장은 "종이비행기 어떻습니까? 아, '소망 비행기'로 하면 더 좋겠구나. 그러니까 각자 새해 소망을 적어서 무대 위로 날리고, 사회자가 읽어주거나 경영진이 읽어주고, 책을 한 권씩 선물로 주는 겁니다. 왜 TV에도 많이 나오지 않습니까? 그라모 직원들도 신이 나지 않겠습니꺼? 우리는 좀 다르게 할까요? 정 대리가 바구니를 들고 강당을 한 바퀴 돌면, 그곳에 직원들이 종이비행기를 날리고, 그 안에 들어간 종이비행기에 한하여 펼쳐서 경영진이 읽고 선물을 주는 것은 어떻습니까?" 강 차장이 웃으며 말했다. "옛말에 고장난명(孤掌難鳴)이라고, 모이니까 이렇게 좋은 답안들이 있네요. 그런데 콘서트에 미술적인 것이 가미되었으면 합니다. 그런데 생각이 잘 안 나네요. 유명한 명화를 프린트해서 강당에 전시하면 어떨까요?" 안 과장은 머리를 긁으며 말했다. "강 차장님, 명화를 전시하모 좋은데, 직원들이 그 의미를 알까요? 그렇다고 해설이나 주석을 달수도 없고.” 이 대리가 아이디어를 보탰다. “새해니까, 덕담이나 명언, 격언, 사자성어 등을 좀 전시하면 어떨까요?” 덕담, 명언, 사자성어… 그때 최인걸도 아이디어가 떠올랐다.《365 매일 읽는 긍정의 한 줄》(린다 피콘 著)’이었다. 이 대리는 투덜거리면서도 50장의 PT를 밤새워서 만들어냈다. 새벽에 A3 용지로 출력하여 강당에 명언들을 부착하기 시작했다. 강당에 들어가는 입구가 약 20m 정도 되는 전실 구간까지 부착을 했다. 명언들이 벽면에 있으니까, 멋지게 보일 뿐만 아니라 활기차고, 은은한 긍정의 힘이 느껴졌다.

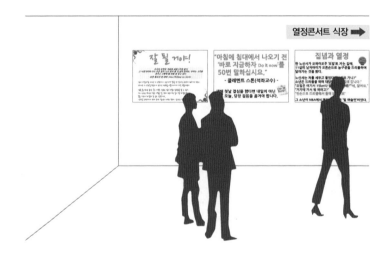

매년 딱딱한 시무식이 고급스러운 콘서트로 변모했다. 직원들은 하루 만에 바뀐 강당을 보고 놀라워했다. 강당에는 '긍정의 글'과 '명언'들로 가득했다. 둘러보며 이런저런 대화도 하고, 명언에 담긴 내용을 진지하게 보는 이들도 있었다. 인자한 부회장은 시무식이 끝나고 강당에 있는 명언들을 당분간 전시해두라고 했다. 사내 식당에서는 귤과 어묵을 준비했다. 추운 겨울의 시무식이 덕분에 따뜻해졌다. 직원들은 귤과 어묵을 함께 먹으며 명언도 보고 '전년도 주요 행사 사진'을 영상으로 감상했다. 다음으로 유튜브로 〈영웅 교향곡〉을 시청했다. 최인걸은 베토벤의 프로필과 영웅 교향곡 탄생 일화에 대한 설명과 함께, 왜 신년에 영웅 교향곡을 듣는지를 부연 설명했다. 그리고 딥오토메이션이 금년에 위기를 극복하고 **"세상에 영웅이 되어야 한다."** 라는 얘기로 순서를 마무리했다. 박수가 터져 나왔다. 부회장, 본부장의 덕담이 끝나고, 기획실장의 금년 목표가 공언되고, 임직원이 함께 소리치며 달성 의지를 북돋았다.

다음으로 소망 비행기를 날리는 시간이었다. 모두 준비된 용지에 새해 소망을 기재하였다. 정 대리가 바구니를 들고 출발했다. 너도나도 비행기를 바구니에 던지기 위해 노력했다. 직원들이 그렇게 호응이 좋을 줄은 몰랐다. 시큰둥하거나 관심이 없을 것으로 생각했는데 기우였다. 직원들은 적극적으로 비행기를 접어서 날리고 다시 주워서 바구니에 넣고 덩크슛을 하는 등 한바탕 소란이 벌어졌다. 추첨이 시작되었다. 경영진이 단상에 올라와서 덕담과 함께 소망 비행기를 한 장씩 추첨하여 낭독했다. 연애 시간을 배려해달라, 연봉 두 배 올려달라는 등 소망이 담긴 재미있는 글들이었다. 당첨자에게 책 10권과 로또 복권 20장을 지급했다. 최인걸이 예상한 대로 비용이 거의 들지 않았지만, 시무식이 전체적인 활력이 넘쳤고 품격이 있는 행사로 업그레이드되었다.

소망 비행기 날리기

1. 각자 소망을 적으세요. (3분을 드립니다)
2. 비행기를 접으세요. (접는 방법 알지요?)
3. 바구니가 출발하면 비행기를 날립니다. 휘~잉
4. 추첨을 통하여 소망을 소개합니다.

개인 소망	회사 소망
• 완전 부자로 Go Go! • 내년 진급할게요.	• 보너스 500% 주세요. • 팀장이 지방으로 발령 나게 해주세요.

열정콘서트 시무식을 무사히 마쳤다. 콘서트를 마치면서, 강 전무는 최인걸에게 말했다. **"최 이사, 올해 시무식, 아니지 열정콘서트는**

무척 재밌었어. 이제야 자네답군. 내 말을 정확히 알아들었어. 수고했어." 최인걸도 웃으며 화답했다. "전무님 덕분에 제가 뭘 해야 하는지를 잘 깨달았습니다. 감사합니다." 지금도 딥오토메이션은 시무식을 콘서트 형태로 진행한다. 자유롭게 콘서트장처럼 앉거나 스탠딩 형태로 서기도 하며, 드론 대회, 3D프린팅 대회, 대박 터뜨리기같은 액션 행사도 진행한다. 최인걸과 인사팀원들은 일의 성공은 추진 담당자의 열정과 의지로서 이루어짐을 다시 한번 깨닫게 되었다.

09

교육센터 건립

리더는 지혜를 가져야 한다

경영자가 갈망하는 혜안은 지혜의 산물이다. 지혜는 지식의 바탕 위에 통찰의 깊이로 구성된다. 그렇기 때문에 지식을 확장하기 위한 교육 방안은 오너가 경영상 가장 중시하는 1순위 과제이다. 의사 결정을 위해서도 반드시 지식이 필요하다. 의사 결정은 경영자가 아닌 지식자가 내리는 것이기 때문이다. 지식이 있음에도 치명적인 실수를 저지르는 직장인은 조직에 불요하다. 그렇지만 무지로 인한 실수는 용서해야 하며, 그에게는 교육이라는 기회를 한 번 더 주어야 한다. 교육을 한다고 해서 단번에 알아듣진 못한다. 공자는 **"제대로 알아들을 때까지 천 번을 말하라."**라고 했다. 교육의 효과는 흔히 시루속의 콩나물에 비견된다. 물을 붓고 또 부어도 밑으로 모두 새어버리지만, 콩나물은 그 빠져버리는 물로 인해 건실하게 자란다. 교육도 새어나가는 물처럼 그렇게 서서히 대상물을 변화와 성장으로 이끈다. 지식은 교육에 의해서 축적되기 때문에, 교육열이 높은 직장은 좀처럼 멸하지 않는 공통점이 있다. 지속가능 경영을 외치는 기업치고 교육 프로그램이 미흡한 곳은 없다. 딥오토메이션의 인자한 부회장도 대한민국이 일제강점기의 수탈, 6·25전쟁의 폐허 속에서도, 불과 70년 만에 세계 경제 10위권의 단군 이래 가장 부강한 국가가 된 원동력은 교육열에 기인한다고 생각했다.

2014년 인자한 부회장은 인사팀 최인걸 이사를 불렀다. 그에게 교육센터를 건립할 것을 지시하고, 전사적인 교육안을 만들 것을 지시했다. 하지만 갑자기 교육안을 뚝딱 만들 수는 없었고, 최인걸은 3개 본부의 교육 프로그램을 체계적으로 수립할 방법을 강구했다. 사실 딥오토메이션에 교육 프로그램이 이미 진행 중이었는데, 교육의 구분, 우선순위, 적절한 시기 등이 혼재되어 체계가 부족한 상태였다. 경영진의 입장에서는 직원을 성장시키는 거시적 로드맵과 구체화가 필요했고, 직원들은 교육의 방향성과 효과성을 원했다. 즉 현재의 교육 진행 상태는 안개 속에서 주행하는 것과 같았다. 최인걸은 교육안을 수립하기 이전에 벤치마킹을 시작했다. 우선, 그룹사 A, B의 교육 관련자를 만났다. 최인걸은 A 그룹사 출신의 김 박사를 소개받아서 만났다. 그는 국내 최고인 A 그룹의 교육시스템을 10년 전에 구축한 장본인이었다. 그는 자료 제공 대신 말로 설명하면서 차트를 한 장 그려주었다. 기본, 직무, 리더십으로 구성된 교육 로드맵이었다. 최인걸은 눈이 환해지는 느낌이었다. 그가 말한 내용과 그림을 참고하여 로드맵 초안을 만들었다. B 그룹의 교육 담당자 문박사를 만났다. 그는 직무 교육의 관점에서 최인걸을 적극 도와주었다. 5년 전 B 그룹에서 교육 TF를 구성하여 직무별로 교육 체계를 수립했던 마스터플랜의 일부를 제공해주었다. 딥오토메이션의 특성에 맞추어 교육방향을 수립 후 부회장께 보고했다. 부회장은 고개를 끄덕이며 말했다. "최 이사, 이제 본격적으로 교육의 내용을 수립하게."

百年大計. 교육 방향 수립

도입기	성장기	성숙기	완성기
25%	50%	75%	100%

도입기	성장기	성숙기	완성기
• 교육센터의 원년 • 기본, 리더십, 직무 교육 • 교육 커리큘럼 구축 • 사내 강사 육성 PGM 수립	• 교육 ERP Up-grade • 교육훈련 조직 강화 • 사내 MBA 운영 • 사내 강사 전략적인 육성	• 사내 세미나 과정 론칭 • 사내 강사 전문가 육성 • 직무별 CDP 설계/운영 • 직무 관련 세미나 실시	• 연수원 건립 검토(진행) • 상시 교육 체계 수립 • 교육 시스템 up-grade • CDP와 교육의 연계

최인걸은 인사팀원을 모두 모아서 교육 방안 수립과 교육센터 건립에 관한 미팅을 시작했다. 경영진께 보고 드린 자료를 빔프로젝트로 공유했다. 총무 담당 안 과장이 물었다. "**최 이사님, 지금 우리 회사에 교육시스템이 있지 않습니꺼? 근데 이걸 또 왜 해야 합니까? 교육은 대강당에서 그냥 하면 되지 굳이 교육센터까지 무에 필요합니까?**" 최 이사는 답변을 했다. "**후후, 그렇게 생각할 수 있어. 하지만, 현재 교육시스템은 일목요연하지가 않아요. 직원들이 한눈에 볼 수 있는 교육 로드맵과 구체적인 방법이 필요합니다. 부회장님은 국내 최고의 시설을 갖춘 교육센터도 꼭 있어야 한다고 생각하세요.**" 이때 교육담당인 박 과장의 눈빛이 빛나며 질문을 했다. "**이사님, 그럼 교육 로드맵을 검토하시는 겁니까?**" 교육 로드맵을 만들기 위해서는 직무 단위의 분석이 필요한데, 여간 힘든 일이 아니기 때문이다. 최 이사는 힘주어 말했다. "**직무분석을 해야 합니다. 직무분석을 해야 직무 기술서와 함께 그 직무에서 필요한 교육을 확인할 수 있어요.**" 팀원의 탄식이 이어졌다. "**최 이사님, 직무분석이 얼마나 힘든지 아십니꺼? 이기 쉬운 게 아닌데, 예를 들어, 우리 인사만 해도 얼마나 직무가 많은데예, 하이고, 우리 마 다 직습니다. 그거 할라카믄.**" 단순히 교육안을 수립하는 것은 어렵지 않다. 그러나 통상 기업은 기본, 리더십, 직무의 세 가지 교육 분야로 진행하는데, 특히 직무교육은 해당 직무를 구분, 정의하고 합당한 교육 프로그램을 수립하기에 어려움이 있었다. 직무분석을 하기 위해서는 팀장들과 부딪치면서 한 땀 한 땀 만들어야 하고 그 과정에서 피곤함이 예상되어 교육 담당자들은 고개를 젓는 것이었다. "최 이사님, 말씀은 알겠는데 현업을 병행하면서 각 팀의 팀장들에게 직무분석을 요구한다는 것은 쉬운 일이 아닙니다. 잘 좀 생각해주시지요. 저희도 힘들고요. 뭐 그렇게 어렵게 접근할 필요가 있습니까? 좋은 게 좋다고 그냥 교육 프로그램과 시스템만 만드시지요." 박 과장이 넌지시 말했다. 최인걸은 생각이 달랐다. 교육시스템을 만들려면 제대로 진행해야 한다. 그들과 술을 함께 하면서, 오랫동안 설득을 했다. "여러분들 생각은 잘 압니다. 잘 아시다시피, 우리 회사의 교육 체계는 ① 기본 교육, ② 직무 교육, ③ 리더십 교육으로 나누어집니다. 그중, ① 기본 교육과 ③ 리더십 교육은 과정을 잘 정리하면 됩니다. 그렇지만, 이번 교육 제도 개편의 중점 과제는 ② 직무교육입니다. 직무교육을 수립하려면, 현업에서 해당 직무에 무슨 일을 하는지가 정의되어야 해요. 그러기 위해서는 직무 기술서를 만들어야 하구요. 직무 기술서에는 Junior, Senior, Manager 등 단계별로 필요한 교육이 있습니다. 이 교육을 우리가 뽑아내야 합니다. 물론 현업의 팀장들은 싫어하겠지요. 직무 기술서를 만들기도 귀찮고, 자신의 노하우를 글로 표현해야 하니까요. 그래도 해야 합니다. 그렇지 않으면 의미가 없어요." 대못을 박는 최인걸 앞에 모두 침통했다. 그걸 다 어떻게 하라는 것인가 하는 눈치였다. 회의가 끝나고 나가는 팀원들의 어깨가 축 처져 있었다.

다음 날부터, 본격적으로 교육안 수립이 진행되었다. 먼저 역량을 검토했다. 역량은 교육과 긴밀한 관계가 있다. 만일 기업에 역량 사전이 없다면, 교육 수립이 수박 겉핥기가 된다. 왜냐하면, 교육을 실시하는 궁극적 이유는 조직원들의 기본, 리더십, 직무의 역량을 향상시키기 위함인데 조직에 어떤 역량이 필요한지를 알아야 하기 때문이다. 이러한 수백 가지의 역량을 처음부터 만든다면 수개월이 걸릴 것이다. 다행히 '신인사제도 TF' 과정에서, 김규영 대표가 만들어준 PMS 역량 사전을 활용하여, 교육 과정을 수립할 수 있는 것은 조직원들에게 오더를 내렸다. 된장찌개에 넣을 훌륭한 된장이 구비된 것이다. 일이 어려울 때는 쉬운 것부터 해치워야 한다. 세 개의 교육 중 ① 기본과 ③ 리더십에 대하여 정리하였다. ① 기본 교육은 회사의 직원이라면 모두 숙지해야 하는 기본적인 교육을 의미한다(예, OA 활용 과정, 기획 향상, 기초 회계, 협상력 등). ③ 리더십 교육은 과장 이상 간부들이 알아야 할 리더십 관련 교육을 의미한다(예, 사내 MBA, 비저닝, 팀워크, 부하 육성, 평가 스킬 등). 이렇게 하여 기본 교육 24개 과정과 리더십 교육 10개 과정을 정리했다. 도합 34개 과정에 대하여 교육 계획서를 작성하였다. 그다음은 가장 어려운 ② 직무교육을 수립해야 한다. 직무교육 수립을 위한 프로세스를 선정했다. 인사팀 전원이 모였다. 서로 머리를 맞대고 고민하여, 다음과 같은 프로세스 하나를 정립했다. ⓐ 직군, 직렬, 직무 구분, ⓑ 직무 기술서 작성, ⓒ 전문 지식 발췌, ⓓ 전문 지식별 직무교육 발췌, ⓔ 직무교육 수립의 순이었다. 불만이 가장 많던, 안 과장이 얘기했다. **"최 이사님, 하이고 못할 줄 알았는데, 쪼개어보니 할 만하네예."**

ⓐ 직군, 직렬, 직무 구분

정리해보니, 회사는 6개의 직군, 18개의 직렬, 56개의 직무로 구분되어 있었다.

예를 들면, [예 1] 직군(경영지원)–직렬(경영기획)–직무(주식관리) / [예 2] 직군(영업)–직렬(국내영업)–직무(시스템영업) 이렇게 나누어보면, 직무가 명확해진다. 다음으로 직무를 명확하게 정의하는 작업이 필요한데, 이것이 직무 기술서이다.

ⓑ 직무 기술서 작성

직무 기술서는 56개의 직무에 대하여 직무정의, 직무 내용, 자격요건, 필요 지식(일반, 전문)과 해당 부서를 명기한다. 명기된 해당 부서에서 그 자료를 양식에 맞춰 작성하는 것이다. 즉 56개의 직무에 대하여 해당 팀장이 본인 팀에 해당하는 직무 기술서를 만들어서 제출하게 하고 인사팀과 미팅을 통해 확정하였다. 직무 기술서에서 가장 중요한 것은 필요 지식으로서, ① 일반 지식과, ② 전문 지식으로 나누어진다. 예를 들어, '주식관리'라는 직무를 살펴보면, ① 일반 지식은 '정보 수집', '전략적 사고', '기획력', '경영 마인드' 등으로 구성되고, ② 전문 지식으로는 '공시규정 및 절차이해'가 나온다. 이중 전문 지식이 중요하다. 전문 지식이 본 직무에 반드시 교육해야하는 핵심 요소이기 때문이다.

ⓒ 전문 지식 발췌

이렇게 해서 전문 지식 59set를 발췌했다. 다양하면서도 핵심적인 단어들로 압축, 정리하여 도표화했다.

이제 전문 지식에서 교육을 뽑아내야 한다.

ⓓ 전문 지식별 직무교육 발췌

직무교육은 무엇이 있는가? 최인걸은 팀원에게 지시하여 우리나라 모든 직무교육 과정을 조사시켰다. 즉, 한국표준협회(KSA), 한국생산성본부(KPC) 등 교육기관의 교육 과정을 전부 엑셀에 업로드하였다. 이 직무교육 과정이 우리에게 얼마나 필요할까? 그중 일부만 필요하고, 나머지는 소수의 다른 기관에서 교육이 가능하다. 예를 들면, PLC 자동화 교육은 KMA나 KPC에는 과정이 없다. 폴리텍대학이나 자동화 관련 협력 회사가 더 전문가로서 체계적인 직무교육을 할 수 있었다. 아울러, 전문 지식별로 직무교육을 위해, 레벨을 1, 2로 나누었다. 즉, 대리 이하가 받아야 하는 교육 과정과 과장 이상이 받아야 하는 교육 과정을 나눈 것이다. 전사 팀장을 소집했다. 설명과 함께 '직무 교육 과정'과 '직무 교육서'를 팀장들에게 배포했다. 뭉쳐 있던 불만이 터져나왔다. 바빠 죽겠는데, 교육은 무슨 교육이냐, 어디서 어떻게 찾으란 말이냐 등등.

ⓔ 직무교육 수립

팀장들은 와글거렸지만, 결국 기한 내에 정리해서 제출했다. 직무에 대한 교육 과정을 팀장 본인들이 수립한 것이다. 이 과정에서 누구도 팀장을 대신할 수 없다. 해당 직무의 최고 전문가인 팀장이 수립하지 않으면 대체 누가 하겠는가? 본인들도 작성하면서 많은 것을 느꼈다. 처음에는 귀찮아했지만, 인사팀과 토론하는 자리에서 격론이 벌어질 정도로 교육 과정에 집착했다. 각자 깊이 고민한 것이다. 그런 과정 속에서 직무교육 59장이 완성되었다. 예를 들어, 주식관리 직무에서 전문 지식은 '공시 규정 및 절차의 이해'이고, 교육과정은 두 가지로 나뉜다. 레벨 1은 '주식 전문 교육(상장협회)'이고, 레벨 2는 '공시 전문가 교육(상장협회)'이다. 한 직무당 교육 과정이 12가지 정도가 나오기 때문에 도식화로 디테일하게 표현했다.

직무교육은 직무 59x교육 12개=약 708개의 교육 프로그램으로 수립되었다.

　한 달이 소요되었다. 소프트웨어는 모두 정비되었고, 이제 하드웨어를 정비했다. 교육센터의 운영안을 정리했다. 교육 방안을 수립하고 별도의 교육 조직을 검토했다. 교육에 대한 예산도 수립했다. 연간 교육 예산을 취합해보니 10억 정도가 소요되었고, 인당 교육비는 연 150만 원 수준이었다. 최인걸은 교육 시설과 기자재를 최고 수준으로 검토시켰다. 전문적인 교육센터를 건립하기 위한 계획을 작성했다. 사내 강사 plan도 작성했다. 경영진에서 임원은 무조건 사내 강사를 한 과목씩 맡도록 했다. 보통 임원들은 교육에 대한 집념은 강했으나 막상 본인이 무언가를 가르치거나 배우려 하지 않으므로 강연자로서 직접 참여가 답이었다. 아울러 가장 중요한 교육과 인사 제도를 연계하였다. 인사 규정 중 '교육훈련규정'을 정비하였다. 교육의 확대 및 정착을 위해 인사평가에 반영하기로 하였다.
　인사평가에서 1차 평가를 진행하고, 이수율에 따라서 2차로 반영을 실시하는 것으로 규정을 정비함과 동시에 시스템화하였다. 기존의 교육시스템은 무슨 교육을 받고 왔는지를 ERP에서 이력을 관리하는 수준이었고, 그나마 직원들이 잘 입력하지 않았다. 그렇지만 개인별로 근무 기간 동안 무슨 교육을 받았는지 이력 관리는 물론, 해당 직무에 전문가가 되기 위해서 정해진 교육 로드맵을 얼마나 이수하고 있는지 전산에서 관리할 필요가 있었다. ERP 교육 진행 프로세스를 ① 수강 신청, ② 교육 과정 개설 요청, ③ 교육훈련 경과 보고, ④ 교육 이수 현황 조회 순으로 수립하여 시스템을 개선하였다. 이로 인해 교육수강생은 더 이상 교육에 대한 불만이 없고, 교육 관리 담당자는 교육생 관리, 교육 분야 및 과정 관리, 교육 결과 관리를 ERP상에서 손쉽게 식별, 관리, 보고할 수 있게 되었다. 최인걸은 최종본을 제본하여 경영진을 비롯한 전 사원 앞에서 교육 TF 완료 보고를 했다.

"세상에서 가장 지혜로운 사람은 배우는 사람이고, 세상에서 가장 행복한 사람은 감사하는 사람이다."라는 탈무드의 말이 있다. 리더들은 혜안을 갖기 위해 지혜로워야 하고, 지혜롭기 위해서는 지식에 대한 교육이 필수이다. 기업에서의 교육은 미래 선도를 위한 '지혜의 마중물(물 펌프질을 할 때 물을 끌어 올리기 위하여 붓는 물)'이기 때문이다.

제4장

영업, Smart

01

목표 달성 산행

절대 포기하지 마라

딥오토메이션은 근간 3년째 적자를 면치 못하고 있었다. 중국의 경쟁사들이 20% 낮은 가격으로 고객의 지갑을 털어갔기 때문이다. 영업자의 노력으로 될 문제는 아니었으나 회사에서는 질책이 심했다. 특히 물류영업본부의 리더들은 1년을 버티지 못하고 퇴사하기 일쑤였다. 인사팀 최인걸 이사는 영업 인력을 채용하기 위해 안간힘을 썼다. 어느 시장에도 영업자를 찾는 것만큼 어려운 일은 없다. 유사 업종은 영업 비밀 침해로 인한 법적인 문제가 발생하고, 이종 업종의 인력은 입사 후 적응 기간이 오래 걸렸다. 영업 리더는 더욱 신중히 검토해야 하는데, 잘못된 인선은 자칫하면 영업 조직 전체에 악영향을 미치게 되고 회복하는 데에도 장시간이 소요되었다. 영업력이 점차 떨어지자 인사에도 비상이 걸렸다. 각종 워크숍과 교육이 이어졌고, 영업 전문 컨설턴트 강연과 영업 관련 도서를 읽게 하는 등 영업자의 피로도 증대되었다.

최인걸은 인사팀장에 부임하여 5년간 신인사제도, 임원 평가, 복리 개선, 교육 개선 등 HR 혁신을 주도했다. 그는 자기 자신에 대하여 생각했다. 생산, 기획, 인사 등 관리만으로 성장한 그의 인생에도 새로운 혁신이 필요했다. 꿈틀거리는 무언가가 그의 가슴속에서 피어나고 있었다. 그것은 영업에 대한 열정이었다. 누가 뭐라 해도 인사는 그에게 안전한 공간이었다. 그는 사실 딥오토메이션에서 막강한 권력을 가지고 있었다. 인사를 거치지 않고 입사하는 직장인은 없기 때문이다. 그러나 최인걸은 인사팀은 안주하는 공간일 뿐이라고 생각했다. 치세에 영웅이 없듯이, 안전지대에서는 새로운 시각과 성장이 없다. 최인걸은 영업본부의 목표 달성 산행을 인자한 부회장에게 결재 상신하러 갔다가 본인의 영업으로 순환보직 얘기를 꺼냈다. 인자한 부회장은 결재 사인을 하다가 돋보기를 벗으며 물었다. "영업? 자네가? 허~ 그럴 필요가 있을까? 아직 인사에 개선점도 많고 조직도 안정화해야 하고, 무엇보다도 자네 연배에서의 영업은 인맥이 중요한데, 20여 년간 관리 직무를 수행한 자네가 갑자기 영업이라니? 이해가 안 가는데. 자네가 영업에 가서 갑자기 무엇을 할 수 있지? 회사의 입장에서도 오히려 손해일 수 있어." 그러나 최인걸은 굽히지 않았다. "영업을 꼭 해보고 싶습니다. 영업은 회사의 꽃인데 해보지도 않고는…." 인자한 부회장이 최인걸의 말을 자르며 되물었다. "영업은 꽃이지, 근데 안 해본 사람에게는 지옥이야. 고독한 거라고. 해보지도 않고 꽃이니 뭐니 하는 것은 어불성설이야. 일주일간 더 고민해봐. 그리고 보고해." 부회장실을 나오면서 최인걸은 주먹을 불끈 쥐며 생각했다. '세상에 못 할 것이 뭐가 있나?'

일주일 뒤에 최인걸은 다시 부회장을 찾았다. 부회장은 마침 박탁상 실장과 차 한잔을 하고 있었다. "어 최 이사, 앉아. 갑자기 영업에 가고 싶다고?" 박탁상 실장이 웃으면서 찻잔에 차를 한 잔 건네주었다. 최인걸이 앉으면서 얘기했다. "네, 실장님. 지금 못 가면 영원히 관리직만 수행해야 합니다. 어차피 영업은 한번 해봐야 하는데 지금이 적기라고 생각합니다. 영업도 어려운 상황에서 제가 한번 해보겠습니다." 부회장은 껄껄 웃으며 말했다. "이봐, 최 이사. 자네는 영업을 잘할 것 같아. 그런데 시기가 좋지 않은 것도 있고, 아무런 연고가 없는데 어디서부터 어떻게 영업 활동을 할 건가? 회사 입장에서는 자네가 영업을 한 건 하는 것보다 인사 기획을 하는 것이 더 가치가 있어서 그래." 최인걸은 다시 한번 청했다. "기회를 한번 주십시오. 백의종군하겠습니다." 여기서 백의종군이란 팀원이라도 가겠다는 의미이다. 가만히 듣고만 있던 박탁상 상무가 최인걸에게 나가 있으라고 했다. "부회장님, 이라믄 어떻겠십니까? 저희도 영업에 혁신이 필요합니다. 마침 물류영업본부의 기술영업팀장이 마 공석인데 최 이사를 거가 배치하여 튜닝을 시키고요. 금번에 영업 목표 달성 산행에서 부회장님이 영업직을 독려하는 자리에서 공식적으로 말씀 한번 해주시면 어떨까 싶습니다. 관리직도 영업을 해보겠다고 하는데 영업이 더욱 분발하자고 말입니다." 부회장이 팔짱을 끼면서 말했다. "흠, 그것도 좋은 방법이군."

며칠 후 최인걸은 물류영업본부의 기술영업팀장으로 발령을 받았다. 딥오토메이션의 영업 직원뿐만 아니라 관리 직원들도 금번 인사 조치에 놀라움을 금치 못했다. 인사팀장이 왜 영업을? 도대체 이해가 가지 않은 배치였기 때문이다. 직원 대부분은 최인걸 이사가 무리수를 두었다고 생각했다. "최 이사님이 이번에 호랑이 굴에 들어간 겨. 여태껏 기술영업팀장은 6개월을 버티지 못한 팀장들의 무덤 자리잖여. 뭐가 아쉬워서 영업을 간데? 그것도 가장 힘든 곳에. 차라리 아래 애들 짱짱한 FPD로봇영업본부로 가는 것이 나을 텐데." 직원들은 수군거렸다. 그도 그럴 것이 최인걸이 걸어온 커리어를 동경하는 관리 인원들에게는 영업의 순환보직 자체도 리스키한데, 가장 하드한 기술영업팀으로 그가 갈 이유가 없다고 생각했다. 전혀 예상 밖의 행보였기 때문이다. 기술영업팀의 인원들도 걱정이 만만치 않았다. "영업과 관리는 업무 형태와 생각 자체가 다른데, 관리직 마인드로 우리를 얼마나 쪼아댈까? 우린 이제 죽었다." 소주를 한잔하면서도 불안해했다. 마치 유도 사범이 농구 감독으로 부임 온 것과 같은 양상이었다.

웅성대는 인사이동의 발표와 함께 영업의 목표 달성 산행이 진행되었다. 각 본부의 영업 조직이 새롭게 편성되었고, 하반기 목표 달성을 목적으로 기획된 산행이었다. 여러 산 중에 천마산(남양주, 812m)이 선택되었다. 행사 당일. 삼삼오오 모여서 산행이 시작되었다. 본 기획의 하이라이트는 정상에서 초등학생들의 일기장에 찍어주는 '참 잘했어요.'라는 동그란 도장을 손목에 받고 하산하는 것이었다. 그 도장은 음식점 하이패스로서 반드시 있어야 뒤풀이 참석이 가능했다. 산이 거칠었다. 특히, 능선을 넘는 코스로서 위에서 아래로 굽어보는 맛이 있지만, 지속되는 굴곡으로 등산객들이 많이 지치는 산이었다. 특히 여직원들이 힘들어했고, 나이 40~50줄의 부장, 임원들의 관절을 괴롭히는 악산이었다. 최인걸 이사는 평소 수영과 만보로 단련되어 산을 잘 탔다. 부회장은 올라가면서 "도장이 없으면, 식사는 고사하고 고과도 없다."라고 재차 강조했다. 정상에 올라 사진 촬영과 파이팅을 외치고 하산을 하기 시작했다. 최인걸은 부회장과 함께 대화하면서 한 시간쯤 내려갔다. 그런데 그때 그제야 올라오는 인원이 보였다. FPD본부의 박 상무였다. 시공 현장에서 고객 미팅으로 인해 출발이 2시간이나 늦었는데 매우 헉헉거리며 올라왔다. 체력 상태와 과체중을 감안하면 하산에 두 시간 이상 소요되기에 오늘 보기 힘들 것이라고 최인걸은 생각했다. 그래서 최인걸은 박 상무에게 중간에 리턴하라고 말하려 했다. 그런데 옆에 있던 부회장님이 큰 소리로 말했다. **"야! 박 상무, 잘 왔어. 근데 왜 이렇게 늦었어? 힘들지만 꼭 완주해! 이건 명령이야."** 헉헉거리면서 박 상무는 올라갔다. 이윽고 조금 있다가 반도체본부의 채 부장이 올라왔다. 그는 무릎 상태가 좋지 않아서 벌써 절뚝거리고 있었다. **"야~ 채 부장, 무릎은 괜찮나? 얼른 올라가서 도장 받아. 이 사람아~ 도장 없으면 뒤풀이도 없어!"** 채 부장은 부회장의 말에 잔뜩 긴장한 채 걸음을 재촉했다. 저러다가 무릎은 괜찮을까? 최인걸은 걱정이 되었다. 아직 정상에 있는 관리 직원에게 전화를 했다. **"전 대리, 두 분이 올라가셨다. 도장은 둘째치고, 정상에서 조금 더 있다가 잘 모시고 내려오세요."**

Never, Never, Never
Give-up

대부분의 인원이 내려왔다. 꿀맛 같은 뒤풀이 시간을 보냈다. 막걸리와 파전, 그 조화는 5천 년 전부터 이어져 내려왔을까? 일부 인원은 금지시켰던 품목인 닭도리탕을 몰래 시켜 먹고 있었다. 등산하고 먹는 느낌은 정말이지 너무 환상이었다. 고생한 내 몸을 위해 알코올로 충전하는 느낌이었다. 최인걸은 이곳저곳에서 술을 받아먹었는데 뒤늦게 올라간 두 분이 생각났다. 부회장이 최인걸 순환보직과 하반기에는 꼭 목표 달성 하라는 말씀을 한 뒤에 건배 제의를 했다. 구호는 부회장이 "목표 달성~!"(하면) "배!죽!(배신하면 죽는다의 뜻)"이었다. 얼굴이 제법 붉어진 부회장이 최인걸을 자리로 불러서 한마디 했다. "최 이사, 영업 가서 잘해라. 쉽지 않을 거야. 그래도 포기하면 안 된다. 아까 박 상무와 채 부장에게 내가 얘기한 것 들었지? 그 둘은 정상에 갔을까? 정상에 반드시 갔을 거야. 산에 왔으면, 무조건 정상에 가야 한다. 내가 혹독하게 얘기한 것은 의미가 있는 거야. 직장에서 하반기 목표 달성 산행인데 몸이 안 좋다고 늦게 왔다고 열외하면 쓰나? 물론 그들의 상태로 봤을 때는 나도 안타깝지. 그러나 조직은 기강이 우선이야. 특히 영업본부는 돌파 의지가 충만되어 있어야 해. 어이, 총무팀장! 그 두 사람 팔뚝에 도장이 없으면 절대 밥 주지 말아라. 알았지? 우리에게는 독종 정신이 필요해!" 모두 취했지만 부회장의 뚜렷한 엄명에 긴장감이 흘렀다. 다들 한잔씩 걸치고 일어나는데 지각생 둘이 왔다. 채 부장은 절뚝거리며 거의

한 발로 왔고 박 상무는 넘어졌는지 목, 어깨에 핏자국이 보였다. 둘은 나란히 부회장 앞에 일자로 서서 '참 잘했어요' 도장을 보이고는 막걸리로 러브샷을 했다. 환호와 박수가 터졌다. 부회장은 큰 소리로 말했다. **"올해 낙오자가 없다. 영업은 무조건 잘될 것이다. 영업은 니들이 책임져라, 인센티브는 내가 책임지겠다. 자, 파이팅!"** 모두의 얼큰한 함성을 함께했다.

그해, 많은 흑자를 내지는 못했지만 3년 만에 적자에서 벗어났다. 지각생 2명도 행복한 송년을 보냈다. 그들도 중도에 포기하고 싶었을 것이다. 아니, 포기를 준비하고 왔을지도 모른다. 그런데 리더의 엄명과 함께 포기의 기회가 사라져버렸다. 그래서 포기하지 않고 완주하여 결국 정상에 올라섰고 수주의 고비점마다 완주 투지가 돌파력을 북돋았을 것이다. 부회장의 가혹한 행동은, 조직원 전체에 포기를 모르도록 각인시키는 중요한 순간이었다. 처칠이 그랬듯이 포기를 상상하는 부하에게 리더들은 처절하고도 독하게 압박해야 한다. **"절대! 절대! 절대! 포기하지 말라고."** 그 말과 행동이 부하를 궁지로부터 탈출시키는 유일한 방법이다.

02

프리미어리그, 영업 성과급제

영업 목표는 상식을 뛰어넘어라

영업의 목표를 작게 잡으면, 조직 전체가 도태된다. 매년 실시하는 사업계획상에는 영업의 목표치를 과감하게 최대치로 설정하고, 소요 비용에 대해서는 통상 가장 적은 예산을 가져간다. 사업계획 수립 시 경영자는 영업 목표와 전략에 대하여 민감하게 캐묻는다. 목표가 적으면 손쉽게 달성 가능하기 때문에 헝그리 정신이 없어지고 작은 실적에도 우쭐해지기 때문이다. 목표를 달성하면 영업력이 우수한 것이고, 초과하면 '神의 營業'을 한 덕분이라며 으스댄다. 영업 목표는 상식을 넘어서야 한다. 그 목표가 영업의 생각 자체를 바꾼다. 어떻게 하면 달성할까 하는 고민과 함께 열심히 뛰는 것은 물론이고 급기야 3차원의 전략을 토해내게 된다. 애가 타는 불가능의 압박 속에서 획기적인 판촉을 생각하고 도전해야 하는 것이다.

결국, 부족해도 준수해도 초과해도 영업이 책임을 진다. 어깨가 무거운 영업이 결국 일을 뚫어내게 되어 있다. 그 절박함 속에서 고객에게 밀착하여 그만큼의 용역, 서비스의 제공과 함께 대가를 수령해내야 하는 것이다.

2015년. 최인걸 이사는 인사팀장에서 물류영업본부 기술영업팀장으로 이동했다. 영업 생활은 역시 쉽지 않았다. 인사에서는 갑으로 군림했지만, 영업은 기본적으로 을의 자세로 임해야 한다. 20년을 갑으로 있던 그가 갑자기 굽신거리는 것 자체는 매우 힘든 일이었다. 최인걸이 영업을 하기 전에는 영업이 쉽고 생활에 여유가 있을 것이라 생각했다. 그러나 막상 영업을 해보니 눈코 뜰 새 없이 바빴다. 게다가 물류영업본부는 실적이 가장 밑바닥이고 군소 업체를 고객으로 두었기에 영업하기 어려운 곳이었다. 꼭 영업에 가겠다고 호언했던 최인걸도 며칠이 지나자 차츰 후회감이 들었다. '아, 박탁상 실장은 왜 물류영업본부에 나를 천거했을까? 반도체나 FPD본부는 대기업을 상대하면서 술만 잘 먹으면 될 텐데.' 사실, 반도체본부와 FPD본부의 본부장은 최인걸과 친분이 두터웠다. 그러나 물류영업본부는 신생이고 고객도 이제 뚫어야 하는 상황이었다. 성과가 부족한 물류영업본부의 김 본부장과 최인걸을 부회장이 불렀다. "김 본부장, 최 이사, 어서 와. 많이 바쁘지? 당신들 요즘 수주가 부족해서 내가 심기가 불편해. 최 이사 자네가 보기에 요즘 영업 인력은 어떤 것 같아?" 최인걸은 눈을 똑바로 떴다(정신 바짝 차리자). "네, 영업자는 특별한 문제 사항은 없는데, 실적이 부진합니다. 죄송합니다." 부회장은 눈을 치켜떴다. "부진한 정도가 아니야, 도대체 뛰어다닐 생각을 안 하는 것 같아. 너무 활력이 없는 것 아닌가? 이런 상태로는 영업이 제대로 될 수 없어요. 물류영업본부는 지난달에 이어 이번 달에도 수주 미달을 면치 못하니 말이야. 본부장은 도대체 뭐 하는 거야?" 김 본부장은 주눅이 들어 고개를 숙이고 있었다. 1년간 지속된 질책이었다. 최인걸은 잠시 머뭇거리다 말했다(점점 함정에 빠져드는 느낌이다). "네, 부회장님. 제가 영업은 아직 잘 모르지만, 정책적으로 봤을 때에는 영업을 독려하는 포지티브한 방법과 미흡한 실적의 인원들에게는 독려 차원의 네거티브한 방법의 검토도 필요하다고 사료됩니다." 김 본부장을 뚫어져라 쳐다보며 화가 나 있던 부회장이 최인걸의 말에 고개를 끄덕였다. "으흠. 나도 그렇게 생각해. 영업을 활성화하고 촉진할 수 있는 제도적인 장치가 필요하다고 생각하네. 회사가 어떻게 하면 개인들이 영업을 많이 할 수 있는지 말이야. 영업본부에 확인하되 방향성이 있어야 해. 나는 우리 영업이 실적에 따라 개인별로 연봉이 차등으로 지급되었으면 좋겠어. 연봉을 성과급으로 지급하면 어떠할까? 인사팀장에게 일러두어 연봉 제도를 한번 준비하라고 할 터이니 최 이사는 영업자들을 잘 다독여

봐. 자네도 인사 출신이니까 영업을 배려하는 차원에서 제도도 잘 검토해주고. 알겠나?" 아, 이걸 말씀하시려고 그랬구나. 최인걸은 대답했다(완전히 함정에 빠졌다). **"알겠습니다. 물류영업본부 전체 의견을 확인해보겠습니다."**

　최인걸은 부회장실을 나와서 깊은 생각에 빠졌다. 성과급제를 한다, 성과급제. 우리 영업자들이 오케이를 할 수 있을까? 성과급제란 급여를 차등으로 지급받는 것을 의미한다. 예를 들어, 고정급 베이스 70%에, 30%는 성과급으로 받는 것이다. 실적이 높은 사람은 성과급 40%를 받고, 저조하면 성과급을 20%를 받게 된다. 딥오토메이션은 2000년부터 총액연봉제를 시행하였다. 총연봉을 12로 나누어 월 단위로 지급하되, 총연봉에는 고정급과 성과급이 합쳐진 금액이었다. 성과급제를 위해서는 총액연봉제에서 고정급과 성과급을 분리하고, 고정급은 월 단위로 지급하되, 성과급은 성과가 있는 만큼 지급하라는 것이었다. 통상 보험, 의약, 자동차 등 정해진 상품을 판매하는 영업자에게 사용하는 방법으로서 판매촉진 및 동기부여에 탁월한 효과가 있었다. 그러나 현재 월급으로 살아가는 영업자들에게 성과급의 차등 지급은 삶의 방식이 전환되어야 하는 중대한 일이다. 만일 시행한다고 해도 가정에서 고정급 감소의 충격을 대비할 수 있는 최소한의 시간이 필요했다. 이런 예견된 상황 속에서 최인걸은 회사 입장과 직원을 동시에 만족시킬 수 있는 방안 모색에 대한 중압감이 더해졌다. 그러나 사실 물류영업본부의 영업력은 심각한 수준이었다. 매달 200억씩 수주를 해야 2,400억의 연간 목표를 달성할 수 있었는데, 현실은 매달 100억 수준이었다.

일주일 후, 성과급제에 대한 의견수렴 회의가 인사팀의 주제로 진행되었다. 영업본부장과 영업자들이 전부 참석했다. 인사팀의 유 팀장이 대화를 시작했다. "안녕하십니까? 영업 성과급제에 대한 회의를 시작하겠습니다. 갑자기 얘기를 하게 되어 다소 충격이 있을 수 있습니다만, 보시는 바와 같이 물류영업본부도 영업직의 연봉 형태를 성과급으로 정비하여 과감하게…." 괄괄한 성격의 김 부장이 말을 끊었다. "유 팀장님, 거 정말 너무하시네. 인사팀에서는 영업을 촉진하는 방안으로 고안한 것이, 성과급제입니까? 그렇지 않아도 연봉이 적어서 고민하고 있는데, 자칫하면 월급이 줄어드는 것을 감수하라는 얘기 아닙니까? 그것도 갑자기 시행한다고 하면, 막말로 제가 사무실을 차리지 뭐하러 직장을 다니겠습니까?" 옆에 있던 정 차장도 거들었다. "유 팀장님, 말씀은 알겠는데요. 필드에서는 정말 다급한 경우가 많습니다. 영업을 지원해주셔야지 급여를 깎거나, 동료 급여를 더 가져가게 하는 것은 가혹한 일이지 않습니까?" 박 대리가 물었다. "에? 와 동료 급여를 더 가져가능교? 성과급도 회사에서 지급해주는 것 아닙니꺼?" 정 차장은 어이없다는 표정으로 말했다. "박 대리, 제로섬 모르나? 이 제도를 왜 하겠어? 영업팀에 지급하는 총급여 금액 내에서 잘한 사람이 더 가져가고, 못 한 놈은 못 가져가는 것 아닌가? 그렇다면 결국 고성과자가 저성과자의 연봉을 가져가게 되어 포지티브하게 보이면서, 회사의 입장에서는 동일한 금액을 사용하게 된다 이 말이야." 박 대리는 목에 핏대를 올렸다. "와, 그라모 회사만 이득 아잉교?" 영업본부장이 나섰다. "그만들 해라. 너무 과민반응이다. 아직 시행한 것도 아니고, 인사팀에서 우리의 의견을 듣겠다고 하지 않는가? 우리도 실적이 좋으면 이런 상황은 오지 않아." 김 부장은 재차 말했다. "막말로 예를 들어보겠습니다. 제가 관공서의 입찰을 요행히 수주한다면, 실적이 갑자기 증대했으므로 유 팀장님이 제 급여의 몇 배를 주시겠습니까?" 영업자 모두 인사팀장을 뚫어져라 쳐다보았다. 유 팀장은 겸연쩍어하면서 말했다. "그건, 상황에 따라서 다릅니다. 우선 개인별로 목표를 설정해야 하구요. 또한 성과를 많이 냈다고 해서, 한도 끝도 없이 성과급을 지급할 수는 없습니다. 상한선을 두어야겠지요." 영업자들은 탄식과 함께 웅성거리면서 동요가 일어났고 정 과장이 말했다. "유 팀장님 말씀에 모순이 있습니다. 급여는 깎을 수 있고 성과급의 상한선은 두겠다라는 것 아닙니까? 이게 말이 됩니까? 영업을 독려하는 제도입니까? 영업자의 기를 죽이기 위한 것입니까? 이해가 되지 않습니다." 그때, 영업본부 소속의 설계 담당인 최 부장이 자리에서 일어났다. "유 팀장님, 저는 영업자는 아닙니다만, 제가 한 말씀 드리겠습니다. 성과급제, 뭐 다 좋습니다. 만일 성과급제를 시행한다면 누구를 대상으로 합니까? 영업직만 해당됩니까? 아니면 저희 같은 기술직도 해당됩니까? 왜 이런 말씀을 드리는가 하면 같은 본부 내에서, 영업직을 위해 저희는 견적을 내는 등 온갖 서포트를 다 합니다. 그런데 실적은 영업이 다 가져갑니다. 게다가 시장 상황이 좋아지면 성과급이 높아지게 되고, 저희는 일은 일대로 진행하면서 급여는 똑같습니다. 이렇게 되면 결국 영업을 선호하는 조직적인 문제점이 생깁니다. 성과급제는 영업직만의 문제가 아닙니다. 영업과 관련된 모든 곳이 집중되는 사항입니다. 이 점에 대해서는 복안이 있으신지요?" 점입가경이었으나, 최 부장의 얘기는 구구절절 맞는 말이었다. 제도를 시행 전에 영업직에 서포트하는 인원들에 대한 안배도 필요했다. 시공을 담당하는 이 차장이 가세하였다. "저도 한마디 하겠습니다. 솔직히 영업은 판매만 하지 현장 시공은 신경 쓰지 않습니다. 셋업은 제2의 영업입니다. 영업은 초기에 계약만 하고 빠지지만, 이후 시공 현장에서 PM(Project Manager), CS(Customer Service)가 고객과 함께합니다. 우리는 성과급이 없지 않습니까? 이건 말이 안 됩니다." 인사팀장이 말했다. "최 부장님과 이 차장님 얘기 잘 알겠습니다. 제도 시행 전에, 충분히 감안하도록 하겠습니다." 이때, 실적이 좋은 김 과장이 말을 이었다. "저는 솔직히 성과급제도에 찬성합니다. 정책 변화, 시장 환경이 핵심은 아닙니다. 우리는 영업직입니다. 영업직은 성과가 우선입니다." 정 과장이 퉁명스럽게 받아쳤다. "김 과장은 좋겠다. 실적이 많으니까, 급여 많이 타면 술 꼭 사라~. 엉?" 이렇게 영업-설계, 영업-시공, 영업자 간에도 성과급제에 대한 많은 논란이 있었다. 대혼란이 일어난 것이었다.

와글거리던 영업자와의 간담회가 끝났다. 인사팀장은 진땀을 흘리고 있었다. 영업자들은 거의 모두 성과급제를 반대하였다. 왜 그럴까? 시장이 수요 위주이기에 영업자 개개인은 risk taking보다는 risk management 차원에서 급여 증대보다는 안정적인 것을 원하기 때문이다. 그만큼 만만치 않은 시장에서 영업력에 자신이 없는 이유도 있었다. 최인걸은 인사팀장의 어깨를 다독이며 말했다. "유 팀장, 좀 전에 영업에서 좀 얘기가 과했어요. 이해를 좀 해주세요." 유 팀장은 머리를 긁적이며 답했다. "아닙니다. 이사님, 저라도 갑작스러운 제도에 대하여 당황했을 겁니다."

오후에는 비서실을 통해 부회장이 인사팀장과 최인걸을 찾았다. 인사팀장은 영업 간담회 내용을 정리하여 보고했다. "어, 이 내용인가? 그래, 유 팀장. 어떤가? 영업자들은 어떻게 얘기하던가?" 요약본을 보면서 유 팀장이 보고했다. "네, 영업자들은 대체로 당황하는 눈치였습니다. 정리해서 말씀드리면, ① 목표 설정을 어떻게 할 것인가? ② 영업자끼리 서로 제로섬을 하지 않고 포지티브한 제도설정을 요청했습니다, ③ 성과급제가 우리에게 적합한 제도인지에 대해서도 질문이 많았습니다. 기타 사항으로는 임원 동참 여부, 계도 기간 등에 대한 의견도 있었구요. 또한, 비영업직에 대한 대우는 없는지 기술팀과 시공팀의 불만이 있었습니다.” 사장님은 최인걸을 보면서 말했다. “유 팀장이 자네 후임 아닌가? 영업자들을 잘 독려해서 정리 잘해. 그리고 유 팀장 최종 기안은 언제 가능한가?” 유 팀장은 울상이 되었다. “네, 2주일을 주십시오. 지금이 평가, 승진 준비를 하고 있어서요. 아울러 성과급제도 정비에 대한 기준이 좀 필요합니다.” 부회장은 최인걸과 유 팀장에게 말했다. “시간이 없네, 일주일 주겠네. 그리고 기준을 얘기하겠네. 적용 대상은 임원을 필두로 전원에게 적용하되, 특히 임원이 책임을 져야 하네. 제도 기준은 개인 성과급제로 하고, 지급 기준은 고정급 90%, 변동급 10% 정도면 어떠할까 싶네, 우리 연봉이 시장 대비 우월하지도 않고, 고정급을 너무 적게 시작하면 가정에서 어려움도 있고 자칫하면 영업자 이탈도 우려되니까 말이야. 우선 제일 중요한 것은 개인별 목표 설정을 하는 거야. 그리고 성과급뿐만 아니라, 포상도 준비하게. 또한, 기술, 시공 등 비영업직도 지급을 검토하게나. 비영업직에 대한 적용이 문제인데, 아무튼 다른 사례를 잘 검토해보게.”

영업 성과급제 시행배경 및 절차

영업 간담회	성과급 정리

영업 간담회
- 시장 대비 급여 낮음
- 제로섬 말 되나?
- 임원은 왜 안해?
- 시장도 어려운데 성과급?
- PS 배분은 어떻게?

성과급 정리
- 대상은 전원
- 고정90% 성과10%
- 성과급 연봉의 두배까지
- 포상도 겸함
- 비영업직 지급 실시

성과급제 합의 및 시행

최인걸 이사는 영업본부를 다독이기 시작했고, 인사팀장은 많은 고민에 빠졌다. 일주일 만에 성과급제를 정리하라니? 우선 시간이 너무 부족했다. 다른 것은 만들면 되는데, 영업직이 아닌 비영업직에 대한 성과급 지급은 난관이었다. 영업직은 월별 개인별 목표를 설정하고, 그 목표에 수주를 하면 된다. 그러나 비영업직은 명확한 수주 목표가 없고 그 수주에 과연 그가 얼마나 기여했는지를 파악하기란 쉽지 않았다. 유 팀장은 비영업직의 성과급 적용 사례를 도서, 관련 서적, 정기간행물, 인사관리협회 통화 등을 통해 모조리 조사했다. 결과는 사례가 없다는 답변뿐이었다. 고민 속에 사흘이 훅 가

버렸다. 유 팀장은 영업을 나간 최인걸 이사에게 전화를 했다. **"이사님, 좀 도와주십시오. 영업자의 성과급제는 정리를 다 했습니다만, 비영업자에 대한 성과급의 책정은 답이 없습니다."** 최인걸도 답이 없기는 마찬가지였다. 그렇지만 설계와 시공 부문의 인원들도 영업자 못지않게 중요했다. 이들이 없으면 수주가 불가능했다. 방법이 없을까?

최인걸의 성과급에 대한 생각으로 가득한 채 집에 돌아와서 TV를 켰다. 영국 프리미어 축구 경기가 진행되고 있었다. 프리미어리그. 박지성이 어시스트를 받아 골을 넣는 장면이 여러 번 재생되어 나오고 있었다. 골잡이 박지성과 어시스트 루니. 골잡이만 유리할까? 즉 골잡이만 포상을 많이 받을까? 그렇지 않다. 어시스트와 감독이 모두 보상을 받을 것이다. 그러니까 골잡이도 어시스트도 죽어라 하는 것이었다. 아? 프리미어리그의 성과급 방식을 도입하면 어떨까? 즉, 골을 넣은 골잡이와 어시스트를 한 인원과 감독에게 포상이 주어지는 방식. 국가대표 축구선수들도 이기면 팀 전체에 별도의 승리 인센티브를 지급한다고 들은 바 있다. 그것을 성과급제도에 이용하면 어떠할까?

구분	기여도	직무기준
영업자	70%	수주 담당자
팀장	5%	영업팀장
팀 전원	5%	영업팀 전원
조력자	20%	설계, 시공 등

①설계자 크로스　　②영업자 슈팅

고객

이렇게 해서 성과급 지급 방법의 마지막 자물쇠를 풀었다. 최인걸은 유 팀장에게 프리미어리그 개념을 도입한 성과급제를 얘기했다. 유 팀장은 전체적인 자료를 작성하고, 영업자별 급여를 고정급과 성과급으로 나누어 시뮬레이션했다. 시뮬레이션의 결과는 만족이었다. 영업자는 고정급을 90%를 받기에 여러 가지 경제적 리스크가 저감되었고, 나머지 10%를 성과급으로 놓되, 목표를 초과하면 연봉의 100%까지도 받을 수 있게 설계하였다. 즉, 고정급을 90% 받고 성과가 많으면 100%를 받게 되어, 도합 190%까지 받을 수 있게 설계하였다. 영업본부와 다시 미팅을 하였다. 그렇게 많은 반대를 하던 영업직과 비영업직이 다행히 별다른 이견이 없었다. 영입본부의 협의를 거쳐 성과급제의 최종 리포트를 부회장의 재가를 받아 차년도부터 시행하는 것으로 확정했다. 성과급제가 시작되자 영업은 점차 활성화되었다. 그다음 해 연말에는 연봉의 190%를 받는 킹핀이 나오게 되어 성공적인 제도로 정착되었다. 최인걸은 영업 직무에 적합한 새로운 제도를 적용하여 영업 매출을 향상시킨 최초의 영업팀장으로 기록되었다.

영업의 목표는 상식을 뛰어넘어야 한다. 비즈니스는 종종 상식이 통용되지 않기 때문이다. 그렇게 유도하기 위해서는 과감한 제도 개선이 필요하다. 네거티브가 아닌 포지티브로 설계된 내제화된 제도 개선은 결국 영업 활성화와 매출 신장을 동시에 이룰 수 있다.

절박, 프레젠테이션

대외적으로 발표할 때는 사전 리허설을 하라

대외적인 발표를 하는 경우에는 사전에 스피치 연습이 필요하다. 그렇지만 많은 이들이 스피치 연습 없이 애드리브로 발표한다. 발표자들, 참으로 한심한 경우도 많다. 발음도 분명치 않고, 청중을 꿰뚫어 보지 못하며, 어-그-저-이 어눌한 단어를 사용하고, 레이저 포인트를 정신없이 돌리기도 하는 등 보는 사람이 불안하게 만든다. 그렇지만 본인은 이러한 사실을 전혀 모른다. 왜? 사전 리허설을 철저히 안 했기 때문이다.

프레젠테이션은 비즈니스의 언어이다. 글로 모든 것을 대변할 수 없다는 점에서 스피치가 가미된 프레젠테이션은 반드시 필요하다. 음성이 문필보다 설득과 호소력이 강력하기 때문이다. 특히 영업에서의 스피치는 아무리 강조해도 지나치지 않다. 연습 또 연습으로 부족함을 극복해야 하는 것이다. 그렇기에 스피치는 사전 설계도가 필요하다. 설계도에는 무엇을 말할 것인지, 타깃은 무엇인지가 교향곡 악보처럼 명확하게 정리된 시나리오를 의미한다. 중요한 프레젠테이션에서 그것은 단순히 읽는 차원을 넘어서 외워야 한다. 한 10번만 소리 내어 읽어보면 저절로 외워지게 된다. 그것이 어렵다면, 스피치에 실패하여 겪는 아찔한 고통을 상상해보라. 사전 발성 연습이 가장 쉽다는 것을 깨달을 것이다. 단, 현실과 똑같이 재현해보고 가급적 그 장소에 가서 사전 리허설을 해야 한다. 사전 리허설을 3번 정도 하면 긴장이 현격히 완화된다.

최인걸도 수많은 발표를 했고, 그때마다 에피소드가 탄생했다. 2015년 말. 최인걸이 기술영업팀장을 맡은 지 1년도 안 되었을 때였다. 연말에 무려 100억가량의 마지막 관공 기관 입찰이 나왔다. 관공 입찰은 대체로 입찰과 함께 프레젠테이션을 요구한다. 기술영업팀도 입찰서와 기술규격서 및 제안서를 제출하고 입찰 프레젠테이션을 준비했다. 보통 입찰은 기술영업팀의 영업 담당이 발표한다. 그런데 발표를 영업자가 아닌 설계자가 한다는 보고를 받았다. 최인걸이 의아하게 생각하고는 영업 담당 김 과장에게 물었다. **"김 과장, 당신이 영업 담당인데, 왜 발표를 하지 않는가?"** 김 과장은 자신 있게 대답했다. "아, 네. 입찰 시 저희는 잘 발표하지 않습니다. 여태껏 그렇게 했습니다." 최인걸은 기가 막혔다. "그래? 무슨 이유로 영업이 발표를 하지 않는 것인가?" 김 과장은 무미건조하게 대답했다. "팀장님이 오해하실 수 있는데요. 관공 입찰의 경우 발표 후에 기술적인 질문을 하기에 단순화를 위해 기술 인력이 그냥 발표하게 되었습니다." 최인걸이 소리를 쳤다. "그게 말이 되는가? 영업이 프레젠테이션 후 질의에 대하여 자신 있게 답변하고, 기술 질의에 막히는 부분이 있다면 동석한 기술팀에서 답변하는 것이 상례가 아닌가?" 김 과장은 아직도 할 말이 있는 듯한 표정이었다. 최인걸이 못 박아 얘기했다. "금번 발표는 내가 직접 할 테니까, 자료들을 똑바로 만들게!" 그러자 영업 담당 이사가 직접 프레젠테이션을 하다니? 한 번도 없던 상황에 팀원들은 일순간 경직되었다.

최인걸의 발표 얘기에 팀원들은 분주히 움직였다. 최인걸도 솔선수범과 더불어 지금부터라도 영업이 프레젠테이션한다는 의식을 영업 담당에게 심어주고 싶었다. 수주 금액도 상당하고 무엇보다도 영업력이 부족하던 때였다. 최인걸은 적극적으로 팔을 걷어붙였다. 그러나 영업자들이 발표를 꺼리는 데에는 이유가 있었다. 관공의 공개 입찰 프레젠테이션은 까칠한 교수들이 전문위원으로 들어와서 기술적으로 심화된 질문이 많았고 한번 잘못 대답하면 꼬투리를 잡혀 낭패를 보기 일쑤였다.

입찰일 전일이 되었다. 최인걸은 답답했다. 발표 자료가 아직도 작성이 안 된 것이었다. 때마침, 최인걸은 대전 출장을 가 있는데 고객과 저녁 식사 후에 모텔에서 발표 자료를 받았다. 최인걸은 자료를 보자마자 불같이 화가 났다. 전체적으로 전혀 프로답지 않은 자료였다. 디자인이 부실하고, 오탈자와 함께 폰트 안 맞고, 고객 니즈에 대한 해결점도 없고, 포맷도 뒤죽박죽인데 무엇보다도 우리 회사만의 가치제안(Value Proposition)이 누락되었다. 화가 머리끝까지 났지만 하는 수 없이 모텔에서 10시부터 작업을 시작했다. 약 70장의 자료를 새로운 PPT 디자인을 적용하여 리뉴얼했다. 오랫동안 TF 활동으로 다져진 그로서는 PT 자료 작성이라면 자신이 있었지만 수정을 하면서 지치고 짜증이 났다. '이걸 자료라고 만들어서 팀장을 주다니.' 그렇지만 어쩔 수 없었다. 춘천에서 내일 14시에 입찰인데 아침 8시에는 출발해야 했다. 8시까지는 발표 연습은커녕 자료 작성도 빠듯했다. 기술적인 사항은 물어보면서 발표를 연습해야 하는데 걱정이 태산이었다. 그런데 이제 와서 발표를 팀원에게 떠밀 수는 없었다. 밤을 꼬박 새워서, 이것저것 수정을 하다 보니 거의 새로 만들었다. 6시에 이메일을 보냈다. 비상 상태로 대기하던 팀원들이 문서를 보자 놀라워했다. 하루 만에 70장을 거의 새롭게 도안하여 만든

PT 자료는 품위가 넘쳤다. 자료가 하루 만에 일취월장한 것이었다. 팀원들은 그제야 자신들이 제대로 일을 안 했음을 깨닫게 되었다. 우선, 아침에 자료를 관공서에 보내어 양해를 구했다. 입찰서 및 기술규격서 등 정식 자료는 이미 제출되었기에, 발표 자료는 심사위원들에게 당일 지급되므로 큰 무리 없이 체인지되었다. 반면, 최인걸은 6시부터 모텔에서 발표 연습을 시작했다. 1회를 하는데 40분이 훌쩍 지났다. 이제 출발해야 한다. 차 안에서 졸린 눈을 비비며 운전을 하면서 PT를 연습했다. 실제로 발표하는 것처럼 최인걸은 연습했다. "금번 ○○ 관공서에 설치되는 저희 Camel은 13세대로서 AI급 5세대 PLC main board를 탑재하여 전자동주행과 4축 무빙 기능을 완벽히 갖추고 있습니다." 시간상 이동 중에 두 번 정도 더 할 수 있었다. PT 자료를 직접 만들었기 때문에 내용이 머릿속에 있고, 완벽히 외우지는 못해도 발표에는 무리가 없었다. 입찰 장소에 도착했다. 입찰에 참여한 경쟁사 프레젠터들의 눈빛이 예사롭지 않다. 경쟁자들이 그 자리에서 열심히 연습을 한다. 최인걸도 긴장이 되었다. 이윽고, 딥오토메이션이 발표할 차례가 되었다. 프레젠테이션은 순조롭게 진행되었고 주어진 15분 대비 정확히 15분 3초에 마쳤다. 최인걸의 발표는 성공적이었다. 하지만 결론적으로는 입찰에 떨어졌다. 최인걸이 열심히 노력했지만, 수주에 실패하여 본부장에게 질책을 받게 되었다. 최인걸은 생각했다. '그렇게 노력했건만 수주에

실패하다니, 영업은 처절하고 냉혹하구나.'

최첨단 AI 시스템 물류
금번 OO 관공서에 설치되는 저희 Camel은
13세대로서 AI급 5세대 PLC main board를
탑재하여 전자동 주행과 4축 무빙 기능을
완벽히 갖추고 있습니다.

특급배송 특급물류
새벽 배송에 적합한 첨단 물류는 4차 산업혁
명의 선두 주자인 딥오토메이션이 탁월한 솔
루션을 제공해드립니다.

'백문이 불여일견, 백견이 불여일참'이라 하였다. 결국 듣는 것보
다 보는 것이, 보는 것보다 직접 참여하는 것이 백번 나은 것이다.
최인걸은 입찰을 통하여 많은 것을 얻었다. 영업은 가장 배우는 것
이 많은 직무이다. 왜냐하면 고객과의 접점에서 부족함 없이 설명
하려면 실시간 지식과 정보가 필요하기 때문이다. 즉 영업자는 매
일 공부할 수밖에 없다. 특히, 발표를 하게 되면 단시간에 지식 집약
화로 발표물을 한 줄에 꿰찰 수 있는 통찰을 얻게 된다. 어떤 곳이든
기술적인 프레젠테이션을 한 번 하고 나면 영업자는 압축된 지식을
얻게 되는 것이다. 심장이 쫀쫀해지는 긴박함이 나를 성장시키는 것
이다.

대외적인 발표는 반드시 사전 리허설을 해야 한다. 그것도 직장 동료, 가족 앞에서 하면 더욱 좋다. 내 자신의 제스처 및 스피치가 보완될 뿐만 아니라, 진솔한 그들의 질타로 자각과 변화를 촉진한다. 시간이 정말 없다면, 발표 전에 옥상에 올라가서 큰 소리로 목을 풀고 발표를 해보자. 이것이 발표하면서 더듬거리는 것을 해소하는 방법이다. 발표는 결국 나 자신의 지식 함양과 함께 향후에도 즉시 사용 가능한 콘텐츠를 하나 얻어가는 고귀한 방법이다.

무릎 꿇기

히팅 용량을 키워라

2015년 최인걸은 기술영업팀에서 불철주야 영업 활동에 여념이 없었다. 그는 굵직한 고객미팅과 관공 입찰에 참여하였고, 특히 그는 기술영업팀에서 작년에 수주한 Dolt-프로젝트의 미수금 50억을 회수하기 위해 안간힘을 쓰고 있었다. 유통창고에 Camel 10대를 납품하고 셋업을 완료하였는데, 약속된 금융기관 A로부터 PF(Project Financing)를 받지 못함으로써, 시공 비용에 대한 채권 회수를 못한 프로젝트였다. 당시 계약은 명백한 불공정 계약이었다. 하지만 계약서상 딥오토메이션에 PF의 책임이 있었고 이를 지키지 못하자 대금 회수를 못 하게 되었다. 해당 팀의 팀장과 담당자는 이로 인한 책임을 지고 인사위원회에 회부되고 자진 퇴사를 하여 최인걸이 영업에 올 수 있었다. 한마디로 기술영업팀의 오래된 골칫거리 프로젝트였다. 수주를 위해서는 불공정계약도 마다하지 않는 영업의 비정한 현실을 최인걸은 곱씹어 생각했다. 그렇지만 회사에 누를 끼치면서 계약을 하다니? 해사 행위임에 분명했다. 사업주는 수백억을 보유한 자산가이다. 사업주는 딥오토메이션의 자동화로봇이 설치된 공장이 대기업과 10년간 고정수익 계약이 되어 있고, 그 고정수익으로 PF를 하는 조건을 영업 담당에게 요구했던 것이다. 영업 담당은 은행에 알아보고 법무와 협의 후 계약을 했다. 그런데 문제는 PF를 약속했던 은행이 기표 직전 금리 조건을 바꾸게 됨으로써 발생했다. 사업주는 4%대로 약속을 받고 딥오토메이션의 장비를 사들였는데, 금리가 5%대가 됨으로써 손실을 입는 것이었다. 손실만큼 보전해주겠다는 약속에도 사업주는 막무가내였다. 법적 대치가 진행되는 가운데, 결국 Camel과 시공비 50억에 대한 미수금을 고스란히 딥오토메이션이 달고 가게 되었다. 최인걸은 즉각 여러 은행을 수배하였다. 2, 3금융권까지도 확인하여 PF가 가능한 곳을 찾았다. 아울러 사업주를 찾아가서 설득하기 시작했다. 막무가내이던 사업주가 최인걸을 보더니 말했다. "최 이사님, 좋시다. 책임자도 바뀌고 했으니까, 쉽지 않겠지만 PF를 받아오시면 내가 도장을 찍어 드리리다. 그렇지만 요즘 금융사가 AS까지 해주는 조건을 달거요. 딥오토메이션은 지금 신용이 안 되기 때문에 다른 AS 업체의 보증을 요구할 터인데 이것을 어떻게 할지는 내 알 바 아니지만 쉽지 않을 겁니다. 이 문제부터 잘 해결해보시오." 일단 사업주로부터 가능성의 공을 넘겨받았다.

　최인걸은 PF가 가능한 투자사 B를 찾았다. 그러나 사업주의 말대로 PF를 주는 조건으로 장비의 지속적인 관리를 요구했다. 장비가 만일 중간에 문제가 되면 원리금 상환에 차질이 생기기 때문에 투자사로서는 당연한 요구였다. 부채가 높은 딥오토메이션의 신용등급과 자금 사정에 의문을 제기하며, 탄탄한 AS 관리 업체로서 C사를 지명했다. C사는 무인셔틀 로봇의 납품과 AS를 전문으로 하는 자동화 회사이고, 무엇보다 모회사가 신용도 AAA 클래스인 반도체 장비 회사였으므로 안정감이 있었다. 그렇지만 AS에 대한 책임과 장비의 연대보증 요구에 C사도 고심하였다. 업계에서 지불하는 통상 AS 비용보다 30%가 상향되기에 좋은 조건이었고, 딥오토메이션과의 업계 인연상 상조해주어야 하는데 리스크 헷지가 걱정되기 때문이었다. 비즈니스는 시간이다. 딥오토메이션은 50억을 못 받은 상태에서 상당한 자금 압박을 받고 있었다. 제조 부문이 신규 설비 도입으로 인해 50억이 필요한 터라 現책임자인 최인걸에게 수금 압박이 밀려왔다. 최인걸은 C사를 무조건 찾아가서 담당 팀장을 만나 통사정을 했다. 자금 사정상 최인걸은 차주 금요일까지 PF를 받아야 되는데 C사의 입장은 전혀 그렇지 않았다. 보통 계약도 아니고 리스크가 있는 계약이기 때문이었다. 또한 당연하게도 C사의 내부적으로 결재하는 데에도 시간이 필요했다. 최인걸이 다급하게 투자사 B에 문의한 결과, 금주 목요일까지만 C사의 AS 계약서에 도장을 받아오면 차주 금요일까지 입금 처리를 해주겠다고 하였다.

Dolt 프로젝트 개요도

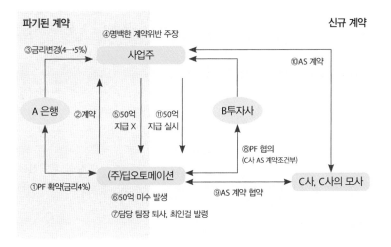

금방 수요일이 도래하였다. 최인걸은 C사에 또 찾아갔고, 담당 팀장은 시큰둥했다. 그의 입장에서는 급할 것이 없는 남의 일이었나. 게다가 이런 AS 계약은 모사 연대보증을 요구하므로 모회사의 결정도 필요했다. 모회사의 회장이 내용도 모르고 OK 하겠는가? C사 입장에서는 딥오토메이션을 위해 굳이 회장까지 AS에 대한 보고를 다급하게 진행할 필요가 없었다. 최인걸도 충분히 이해했기에 생떼를 쓸 수도 없었지만 그렇다고 물러날 상황도 아니었다. 최인걸이 발을 동동 구르고 있는데 인자한 부회장이 지원해주었다. 상대방 측 핵심 임원 조 상무를 목요일 저녁에 함께 만났다. 부회장은 조상무와 대학교 선후배 사이였고, 과거에 조 상무가 신세를 진 적이 있다고 했다. 그러나 비즈니스는 냉혹하다. 조 상무도 오너가 아닌 입장에서 본인이 마음대로 도장을 찍어줄 수는 없는 일이었다. 부회장과 최인걸은 조 상무에게 부탁을 거듭했다. 조 상무는 부회장의 부탁을 고려하여 회사의 오너께 말씀을 드려보겠으나 확답은 할 수 없다고 했다.

목요일이 되었다. C사의 조 상무로부터 연락이 왔다. "**최 이사님, 딥오토메이션이 행운이 있네요. 어제 저녁에 제가 전화 드려 저희 회장님의 구두 재가를 받았습니다.**" 다만 필요한 조건이 있었다. 그 조건은 AS를 위한 리프터 구입 등 총 5가지에 대한 안건이었다. 합리성은 둘째치고 최인걸은 수용하지 않을 수 없었다. 즉시 상부에 보고하여 OK를 받아냈다. 영업 담당 강 부장에게 안건에 대한 합의서를 작성할 것을 지시했다. 다음 날 최인걸은 택시를 타고 계약을 위해 C사로 갔다. 투자사에 제출할 C사의 각종 서류와 함께 계약서, 법인 도장이 필요했다. 그것을 변호사에게 넘기어 공증하면 끝나는 것이었다. 그런데 이게 웬일인가? C사에 갔더니 준비가 아무것도 안 되어 있었다. C사의 담당 팀장은 최인걸에게 시니컬하게 **"최 이사님, 저희 조 상무님 지시 없이는 도와드릴 수 없습니다. 조 상무님께 연락을 해보시지요."**라고만 하였다.

오늘 계약을 못 하면 은행에서도 PF가 닫히게 되어, 언제 수금을 할지 알 수 없었다. 최인걸은 하늘이 노래졌다. **"팀장님, 조 상무님께서 어제 회장님 재가를 받았다고 말씀하셨습니다. 그런데 왜 계약서에 도장 날인이 어려우신지요?"** 그 대답은 냉랭했다. **"최 이사님, 저도 조 상무님이 지시한 대로 하는 것입니다. 조 상무님께 연락을 해주십시오."** 3시가 다 되어가는데 조 상무는 연락이 안 되었다. 변호사 사무실이 닫히기 전에 오늘 해결해야 한다. 최인걸은 속이 타들어 갔다. 내가 50억은 반드시 받아야 한다. 긴급함도 있지만 지금 못 받으면 언제 또 받겠는가? 부회장으로부터 계속 연락이 왔다. 회의에 진전이 없자, 최인걸은 휴게실로 가서 조 상무에게 다시 한번 전화를 했다. 전화를 받았다. **"조 상무님, 최인걸입니다. 혹시 간**

략한 통화 가능하신지요?"라고 말했다. 그는 무뚝뚝했다. "네, 가능합니다만." 최인걸은 타들어 가는 입으로 말했다. "어제 상무님께서 저희 부회장님과 대화 후 긍정적인 방향으로 승인해주실 것으로 알고 있었는데, 계약을 안 해주셔서 다급함에 전화를 드렸습니다. 어찌 된 일이신지요?" 그러자 조 상무가 당황스럽다는 어투로 묵직하게 얘기했다. "그것보다 최 이사님, 어제 우리가 협의한 것이 있는데 그것에 대한 합의서도 없이 우리 회사의 도장을 받겠다는 것이 말이 되는 상황입니까?" 순간, 최인걸은 쿵 하고 머리를 한 대 맞은 기분이 되었다. 확인해보니, 최인걸이 지시한 합의서의 원본을 영업 담당 강 부장이 준비하지 않은 것이었다. 내부의 잘못이므로 지금은 누구를 탓할 수도 핑계를 댈 수도 없다. 최 이사는 즉각 "아, 정말 죄송합니다. 제가 깜박했습니다. 정말 죄송합니다. 즉시 합의서를 드리겠습니다." 사죄했다. "양사의 임원끼리 약속한 것인데, 이렇게 안 지켜서야 되겠습니까? 이것은 비즈니스의 도리에 어긋나는 것이 아니신지요?"라고 조 상무는 날카롭게 지적했다. 그 순간, 전화 통화였지만 최인걸은 무릎을 꿇었다. "제가 잘못했습니다. 지금 즉시 합의서를 가지고 오겠습니다. 한 시간이면 충분합니다. 재고해주십시오. 부탁드립니다." 조 상무는 한참을 생각하더니, 우선 전화를 끊으라고 했다. 휴게실에 있는 C사의 사원들이 웅성거리며 무릎을 꿇고 있는 최인걸을 바라보고 있었다. 최인걸은 천천히 일어서서 회의 장소로 돌아갔다. 강 부장을 밖으로 불러 심하게 질타했다. 그러나 타사에서 시끄럽게 나무랄 수는 없었다. 최인걸은 한 시간만 기다려달라고 하고는 본사에 합의서를 보내고 법인 도장을 받은 다음, 퀵으로 배송을 지시했다. 합의서가 도착하자 최인걸은 조 상무에게 합의서를 촬영하여 SNS로 보내고 전화를 했다.

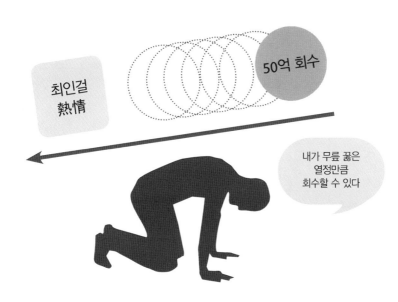

C사의 담당 팀장은 조 상무로부터 전화를 받았다. "아, 상무님. 아, 네, 네? 지금요? 네 알겠습니다." 전화를 끊고는 최인걸을 보며 말했다. "조 상무님께서 업무 진행을 명하셔서, 저희도 난리입니다. 퇴근한 저희 회사와 모회사의 관련자들을 다시 출근시키고 있습니다. 좀처럼 움직이시지 않는 분인데 최 이사님이 어떻게 말씀하셨는지, 저에게 신속하게 진행하라고 명하시네요." 최인걸은 겸연쩍게 웃으며 말했다. "정말 죄송합니다. 괜히 저 때문에 다들 고생이 많으시군요. 소주 두 잔 찐하게 사겠습니다. 부탁드립니다." 그날 밤늦게까지 대기하던 변호사 사무실의 공증까지 무사히 받을 수 있었다. 차주 금요일까지 50억의 PF를 받아내는 것이 확정된 날이었다. 마음이 뿌듯했다. 다급했던 한여름의 하루가 그렇게 지나가고 있었다.

생각해보면, 포기할 순간은 많았다. PF를 받는 조건이 C사이어야 한다는 것, 시간은 촉박한데 오늘 조 상무를 만나야 한다는 것, C사의 모회사 회장까지 승낙받아야 한다는 것. 또한 인자한 부회장의 도움이 없었다면 물거품이 되었을 것이다. 안 된다고 생각했다면 가능했을까? 된다고 여기고 달려들었기에 가능한 것이 아닐까? 최인걸이 조 상무와 통화 중에 무릎을 꿇은 것이 꺼져가던 불씨를 되살린 것은 아닐까?

이 모든 것을 합치면 열정이라는 두 단어로 압축된다. 1도만 더 끓으면 100도이다. 누구나 지쳐서 포기하고 싶은 99도에서, 1도를 끌어 올리기 위한 마지막 가열이 바로 열정이다. 그러나 대부분 99도에서 멈춰버린다. 아니, 99도인 줄 모르고 돌아선다. 그것이 최선이라고 생각하기 때문이다. 그렇지만 성공하지 못한 상태에서 99도는 실패의 최종 변명점에 불과하다. 결코 성공이라는 단어를 쓸 수 없기 때문이다. 성공할 때까지는 99도인지, 98도인지, 어쩌면 50도인지 그 누구도 모른다. 그렇지만 식지 않은 열정이 결국 성공을 견인하는 것이다. 그러므로 직장인으로서 책임감을 가진 우리는 끝까지 열정을 태워야 한다.

05

입찰, 지옥과 천당

경험하라. 그릇을 넓혀라

"새로운 경험에 의해 확장되는 정신은, 결코 과거의 차원으로 되돌아가지 않는다." 올리버 웬델 홈스가 말했다. 새로운 경험은 미지의 환경이므로 리스크를 의미한다. 불분명한 환경 속에서는 여러 가지 변수에 대한 생각과 대비를 해야 한다. 그런 생각 속에서 우리는 그릇이 넓어지는 것이다. 그렇게 한 번 넓어진 그릇은 결코 과거의 나로 돌아가지 않는다. 어딘지 모를 여유 속에서 앞으로 더 높은 파도를 견디기 위해 준비한다.

영업은 위대한 직무이다. 무에서 유를 창조해야 하고, 급한 경우 결정을 직접 내려야 하기 때문이다. 내가 영업직이라면 우리 회사의 제품에 미쳐야 한다. 미쳐야 팔 수 있다. 최인걸도 영업을 맨 처음 시작했을 때에는 고객이 두려웠다. 특히, 기술적 지식이 부족한 상태에서는 고객 대면이 어렵기만 했다. 고객은 이미 전문가인 경우가 대부분이다. 동종업체 영업자를 세 명만 만나도 모든 정보를 얻을 수 있기 때문이다. 고객 입장에서 사업 전반을 훤히 꿰뚫게 된다. 영업은 시간의 싸움이다. 얼마나 짧은 시간에 임팩트 있게 고객에게 각인되느냐가 관건이다. 그러니 영업자들이 시간이 부족한 고객을 유혹하기 위해 얼마나 노력하겠는가? 또한, 영업은 프로의 세계이다. 야구로 말하면 동료가 1루에 나가 있다면, 나는 안타든 홈런이든 무슨 수를 써서라도 그를 홈으로 불러들여야 한다. 축구로 비유하면 코너킥 찬스에 골문 앞에서 움직이는 동료의 머리를 타깃하여 넘어지면서도 섬세한 센터링을 해주어야 한다. 그래야 연봉을 받는다. 통상 내 연봉의 100배 정도는 수주해야 회사가 돌아간다. 영업은 매일 새로운 경험을 한다. 그도 그럴 것이 새로운 고객을 만나서, 새로운 일들을 놓고 문답하기 때문이다.

2016년 최인걸은 대기업의 2건의 입찰 준비에 분주했다. 대기업 A는 입찰 주무 부서와 사전에 교감과 친분이 있었다. 그러나 대기업 B의 경우에는 아직 입찰의 사전 준비가 미흡한 상태였다. 최인걸의 팀은 상당한 어려움을 겪고 있었다. 무엇보다도 수주, 매출이 없었기에 구조 조정의 얘기가 공공연히 나오고 있었다. 물류영업본부는 영업임원들의 무덤이라는 말이 실감이 났다. 그렇기 때문에 최인걸에게 이 두 건의 입찰이 무엇보다도 중요했다. 무조건 하나는 수주해야만 했다. 그러나 딥오토메이션만 그러하겠는가? 매번 입찰에 참여하는 경쟁사가 줄잡아 7개사는 된다. 그들 모두 눈을 부릅뜨고 있다. 당시 딥오토메이션은 2년간 일반물류 입찰 수주가 없었다. 특히 전년도에는 존립의 기로에 서 있었다. 무슨 수를 써서라도 매출을 올려야 하는 급박한 상황이었다.

이런저런 걱정 속에서 입찰은 진행되었다. 5월에 현장 설명회가 있는 대기업 A의 입찰을 먼저 준비했다. 정말 많은 것을 고민하고 치열하게 검토했다. 대기업 A에 20번이 넘게 방문하고 사전 조사도 소홀함이 없었다. 고객이 귀찮을 정도로 찾아뵙고 정밀하게 검토했다. 대기업 A의 가장 큰 문제는 물류 창고 간의 중간 브릿지 터널에 대한 컨베이어의 설치 문제였다. 브릿지 터널이 약한 구조물인 반면에 딥오토메이션의 레일과 로봇은 10톤이 넘어 사실상 무빙이 어려웠다. 하는 수 없이 Monkey(Over Head Conveyer: 모노레일 타입의 운반 로봇)로 설계를 변경하여 상부 레일 설치 타입으로 하중을 분산시켰다. 하지만 이로 인해 전체적인 동선 절감과 Text Time의 최적화 등 난제를 해결해야 했다. 입찰 제시할 금액도 변경이 되었고 수익 확보를 위해 협력사에는 네고를 치는 등 짧은 시간에 숨 가쁜 검토도 필요했다. 아울러, 쓰루풋(Throughput: 생산량)에 대한 보증이 이슈였다. 통상 대기업 입찰을 할 때에는 일정량의 쓰루풋을 보증하는데 이에 대하여 고객은 경제성 평가를 하였다. 당연한 것이지만 고객은 쓰루풋의 마지노선을 제시하고 입찰자는 얼마나 최대의 답장을 가져오느냐에 따라 점수를 책정했다. 이 점수가 사실상 돈이므로 당락을 좌우하였다. 물류 창고의 경우 많게는 연간 10억가량의 차이가 났다. 단돈 100만 원에 당락이 결정되는 입찰에서 결코 무시할 수 없는 것이 경제성 평가였다. 그렇게 노력하던 대기업 A사의 입찰이 진행되었다. 최인걸은 본부장께 입찰가를 최종 보고하고 팀원들과 함께 직접 입찰 장소로 갔다. 결과는 참담하게도 떨어졌다. 최인걸의 전략은 ① 최저 입찰가격과, ② 쓰루풋 보증을 모두 염두에 두었다. 그런데 아쉽게도 2등으로 떨어졌다. 나중에 내부적으로 분석해본 결과, 설비 제시 가격이 1등과 불과 수천만 원의 차이밖에 나지 않았다.

그때, 결국 회사에서는 감원의 바람이 불었다. 최인걸은 안타깝게 팀원을 50% 잃었다. 최인걸도 사표를 냈다. 그의 사표는 반려되었지만 그 이후 회사에 다녀도 다닌 것 같지 않았다. 최인걸도 사내에서 땅만 보면서 다닐 정도였다. 남은 팀원들은 사기가 있는 대로 떨어졌다. 최인걸은 어떻게든 따뜻하게 그들을 다독였지만 하나둘씩

다른 회사를 엿보고 있었다. 최인걸의 직장 생활 21년. 수주절벽과 절반 감원, 인생 최대의 고비점이었다. 관리직은 주어진 것을 최적화하면 된다. 그러나 영업은 무조건 실적이다. 실적 없는 영업은 존재 가치가 없다. 잔인한 6월이 그렇게 지나갔다.

7월은 또다시 바빠졌다. 대기업 B의 입찰이 공지되었다. 최인걸은 정말 많이 고민했다. 남은 팀원들과 이것마저 안 되면 영업을 접자는 심정이었다. 그만큼 급박하고 처절했다. 전년도부터 수주 부실에 입찰 낙방으로 인해 감원을 했으니 남은 것은 독종 정신밖에 없었다. 결과가 어떻든 양단간 이번이 끝이라는 심정으로 임했다. 이번에는 애매하게 두 가지를 염두에 두지 않았다. ① 최저 입찰가격은 어차피 업체별로 차이가 없을 것이다. 그렇다면 ② 쓰루풋 보증을 타깃으로 해야 한다. 최인걸은 제조실장께 특별히 부탁을 했다. 기술이 뒷받침되어야 한다. 'Auto Mode'라는 시뮬레이션 tool로 최적화한 레이아웃을 A, B안 준비하고, 현장 여건을 감안한 기류해석 시스템으로 물류가 케미컬에 미치는 환경 영향 및 대안을 표현한 기술 입찰서를 제출했다. 경쟁사는 전혀 생각하지 못한 발상이었다. 쓰루풋은 고객이 선택하도록 A, B안을 제시했는데, 비용이 절감되는 A안과 동선 절감으로 공간을 확보한 B안으로 각각 10억씩 유형 효과가 나오는 우수한 대안이었다.

입찰 당일, 최인걸은 다른 영업 건으로 부산의 관공서에 갔다. 입찰에 참석한 팀원에게 SNS로 실시간 보고를 받았다. 입찰이 시작되었다. 8개의 경쟁사가 참여하였고, 봉투를 개찰하고 있단다. 피가 말랐다. 최인걸은 고객과 미팅을 하면서도, SNS에 온 신경이 집중되었다. 개찰이 완료되었다. 우리가 수주를 했다고 한다. "와~ 됐어!" 최인걸은 고객 앞에서 소리를 질렀다. 부산에서 서울로 오는 내내 최인걸의 마음은 들떴다. 이렇게 수주를 하다니, 무려 500억에 달하는 수주. 대형 물류 창고 5개와 브릿지까지 진행하는 물류 창고 단일 건으로는 국내 최대의 입찰에 성공한 것이다. 올라와서 팀원들과 합류했다. 500cc 맥주를 시원하게 한 잔씩 했다. 짜릿했던 입찰장의 분위기의 설명과 함께 기쁨을 만끽했다. 다음 날, 부회장께도 보고가 되었고, 회사에서는 파티가 열렸다. 최인걸은 무척 감사했다. 조직이 구조조정 된 이후라서 회사도 많이 놀랐다. 거대한 프로젝트이므로 퇴사자들을 다시 복직시킬 수 있었다. 대기업 B는 현장책임자로서 이사급 이상을 요구했다. 최인걸은 아내와 협의 후 군소리 없이 시공 현장으로 향했다. 고객과 매일같이 회의하면서 6개월의 책임자 역할을 수행했다.

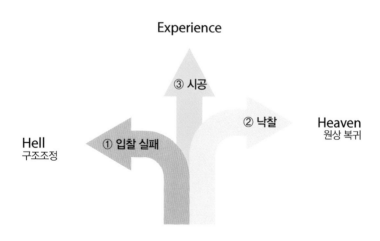

Experience

③ 시공

② 낙찰

Heaven
원상 복귀

Hell
구조조정

① 입찰 실패

　　다음 해 4월. 대기업 B가 준비한 준공식장에서 최인걸은 완공에 대한 감사패를 받았다. 입찰 시 제시한 생산성 대비 무려 10%를 증진시킨 공로였다. 오토메이션 시스템의 현장 셋업의 Project Leader까지 경험한 최인걸은 영업적으로 일취월장해 있었다. 대규모 입찰에 성공하고 시공까지 경험한 최인걸의 영업력은 종잡아 3배 이상 증진되었다. 최인걸은 업계에서 영업과 현장의 셋업을 경험한 몇 안 되는 임원이기 때문이었다. 이러한 경험을 바탕으로 그의 영업 활동에 여유가 넘쳤다. 그는 TV 등 매스컴도 많이 탔고 각종 학회지에 제출한 논문으로도 유명해졌지만, 무엇보다도 고객은 500억 현장 셋업 경험을 무조건 신뢰했다.

불과 1년 전. 구조조정의 여파로 무너지던 그때. 마지막이라고 생각했던 입찰에 성공하여, 최인걸은 지옥과 천당을 경험했다. 그 경험에 의해, 확장된 정신은 결코 과거로 돌아가지 않았다. 미래를 전부 꿰뚫어 볼 수는 없어도 어디에 가도 뒤처지지 않는 지식과 멘탈을 보유하게 되었다. 최인걸의 영업 시공에 대한 그릇이 단기간 확장된 것은 그 진땀 나는 경험의 결과였다. 그해 최인걸은 상무로 승진하게 되었다.

06

영업 인격

영업은 숫자가 인격이다

고객의 주머니로부터 지출을 이끌어내야 한다는 점에서 영업은 가장 어려운 직무 중 하나이다. 무에서 유를 창조해야 하고, 때로는 조직의 필두에 서서 외로운 싸움을 해야 한다. 고객은 절대 돈을 거저 주지 않는다. 지불하는 금전 대비 충분한 가치가 있어야 한다. 계약 클로징까지의 프로세스도 생각보다 엄청나게 길다. 경쟁사와 아귀다툼 후에 요행히 내가 선택되면 기본적인 네고와 함께 담당자 명분을 위한 최종 감액을 거친 다음 비로소 계약을 할 수 있다. 계약을 했다고 끝이 아니다. 납품, 현장 설치 혹은 셋업 등의 마무리 과정을 거쳐야 한다. 물론 영업의 범위는 계약까지이다. 그러나 중소기업의 경우에 업무 범위의 구분이 명확지 않고, 고객은 시도 때도 없이 만만한 영업을 찾는다. 가끔 과도한 서비스나 품질 조건을 추가로 요

청한다. 지불 금액 내에서 최대한 본전을 뽑아야 하기 때문이다. 답답하지만 막무가내인 고객도 많다. 국영기업, 대기업, 중견기업 하다못해 개인까지도 그러하다. 그러나 맘에 안 든다고 고객에게 함부로 대할 수는 없다. 왜? 수면 아래에 차기 영업(next sales plan)이 있기 때문이다.

상무로 승진한 최인걸은 2018년 물류영업본부의 본부장이 되었다. 승승장구라고 하지만 고객과 함께 현장에서 살다시피 한 노력에 대한 결과였다. 최인걸은 영업이 힘들다는 것을 뼈저리게 느꼈기에 본부장으로서 영업 직원들을 다독였다. 초년 시절 사장님이 왜 영업을 두둔하는지 이제야 이해가 갔다. 어느 직무도 쉽지 않지만 전방에 서 있는 영업은 특히 힘들기 때문이다. 최인걸은 뛰어다니다 못해 아닌 말로 소변을 보다가도 고객 전화를 받곤 했다. 수주가 없을 때는 저녁에 대리운전이라도 해야 하나 하는 심정이었다. 왜? 돈 벌어야 하니까. 집의 가장 역할을 해야 하는 것이다. 그렇기 때문에 철저한 책임 의식이 필요하다. 고객을 만나는 것이 즐거워야 하고 늘 웃음을 잃지 말아야 하며, 준비가 되어 있어야 한다.

최인걸은 세 개의 팀을 맡았다. 기술영업팀을 제외하고 물류1팀과 물류2팀은 실적이 저조한 부서였다.실적 부진으로 인한 회사의 감원이 거론될 때마다 두 팀장 이름이 종종 나왔다. 그로 인해, 물류 1, 2팀장들은 6개월을 넘기지 못하였다. 인사팀 출신의 최인걸 상무는 우선 두 팀장과 면담을 했고, 영업 현황이 녹록지 않다는 것과 향후 수주 전략을 확인했다. 우선 사람을 얻어야 하기에 소주를 한잔하면서 얘기를 많이 들어주었다. 특히 물류1팀장은 심한 압박감으로 공황장애 초기 단계를 겪고 약을 복용 중이었다. 최인걸은 부회장께 보고 드려 일주일간의 휴가를 지급하고 우선 휴식을 취할 것을 명했다. 이후 물류1팀은 성적이 점차 올라갔다. 최인걸도 영업에 왔을 때 심한 스트레스로 머리카락이 많이 빠지고, 머리도 하얗게 변모했던 것이 생각났다. 왜 안전지대인 인사를 포기하고 영업에 왔을까? 바쁘게 운전하면서 삼각김밥으로 끼니를 때우면서 자문자답한 것이 한두 번이 아니었다. 그래도 최인걸은 더 늦기 전에 영업을 꼭 해보고 싶다는 의지가 있었다. 끊임없이 공부해야 하고 지혜롭고 신속하게 행동해야 하는 영업은 마치 액션 영화와 같은 매력이 있기 때문이었다. 최인걸은 영업이라는 파도를 넘어보고 싶었다. 인생은 어차피 영업이기 때문이다. 기업에 다니건 자영업을 하건 영업은 필수였다. 회사에 다닐 때 미리 경험해봐야 하지 않겠는가?

본부장으로 부임하여 6개월이 지났다. 물류2팀은 일반 업체에 컨베이어를 납품하고 있었는데, 군소 경쟁사로 인해 원가경쟁력이 떨어졌고, 팀원들도 활력이 전혀 없었다. 월 1회 실시하는 임원 회의나 실적 회의에서 여전히 물류2팀은 아웃 대상이었다. 이윽고 물류2팀장이 사표를 가져왔는데 최인걸은 북북 찢어버렸다. **"이봐, 김 팀장! 쓸데없는 생각 하지 말고 그 시간에 일해. 해결책을 찾아봐야지. 안 그래?"** 하고는 사표에 사인하는 대신 경쟁사와 고객을 파악시켰다. 그리고 굵직한 고객과 연간 계약을 검토하라고 지시했다. 물류2팀장은 한숨을 쉬며 말했다. **"본부장님, 저도 확인해봤습니다. 그런데 업체의 사장을 만날 수가 없습니다. 인맥도 없고요."** 어차피 시장의 점유율은 파레토 법칙에 의거, 20%의 고객이 80%의 매출을 책임지기 때문이다. 굵직한 업체의 명단을 가져오자 최인걸은 업체명과 정보를 임원 회의에서 공개했다. 혹시 딥오토메이션의 임원 중에도 인맥이 있는지 확인하기 위해서였다. 역시 지성이면 감천이다. 숨은 인맥이 있었다. 최인걸은 어떻게 해서라도 고객사 사장을 만났고, 만난 자리에서 호의를 베풀며 담판을 했다. 즉, 가격을 낮추고 연간 계약을 진행한 것이었다. 맨 처음에는 내부관리 부서에서 인식이 좋지 않았다. 무엇보다도 ① 제품을 싸게 판다는 것과, ② 계약 이후에도 상대방이 다른 곳에 발주를 진행하면 그만이기 때문이었다. 그래도 최인걸은 고집스럽게 연간 단가 계약을 맺었다. 왜? 고객이 우리 말고 다른 곳에 발주하더라도, 발주 직전 한 번은 우리를 검토할 것이라는 신념이 있었기 때문이다. 고객의 사장 혹은 중요 임원들과 눈빛 교환하면서 사전에 계약의 인연을 맺어놓으면, 신의에 의거하여 우선 협상 대상인 우리에게서 견적을 받아보거나, 다른 회사의 단가에 우리 회사도 맞출 수 있는지 문의하는 등 딜의 여지가 생기기 때문이었다. 또한 최인걸의 등 뒤쪽 화이트보드에 고객명을 적어놓고, 매주 전화를 하고 식사를 하였다. 영업은 눈도장. 밀착 영업에는 장사가 없다. 고객은 자주 보는 영업자를 선택하게 되어 있다.

이 전략은 적중했다. 물류2팀도 차츰 실적이 올라갔다. 기존에는 당월에 팔아야 하는 물량에 허덕였으나, 주요 고객과 연간 계약 이후 두 달치가량의 수주 잔고를 가져갔다. 분기는 어려워도 2개월의 예측이 영업과 제조의 숨통을 트이게 만들었던 것이다. 선순환이 한 번 이루어지자, 이후 거침없이 나아가기 시작했다. 최인걸은 물류2팀에 고객을 분양해주었다. 이제는 그들이 알아서 고객에게 밀착 대응했다. 고객은 입찰을 하려다가 영업자의 면을 봐서 수의계약을 주는 경우도 종종 생겼다. 수주가 증대될수록 제조가동률에 의한 원가율을 낮출 수 있기에 네고에도 맷집이 생겼다. 가격은 깎여도 현금으로 수금하여 매출채권회전율과 cash 보유율이 증대되었다. 군소 경쟁사들은 동일 가격에 품질과 보증이 우수한 딥오토메이션을 이길 수 없었다. 실적은 점차 증대되었고, 최인걸은 회의 석상에서 더 이상 움츠러들지 않게 되었다.

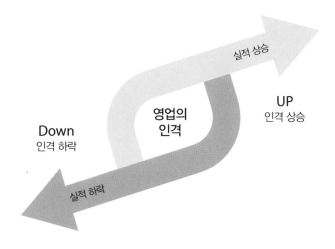

영업의 인격은 숫자

영업의 인격은 숫자이다. 영업이 잘되면, 다른 전 부서가 편하다. 그러나 수주가 없으면 조직이 피곤하기 그지없게 된다. 관리를 전담해야 할 부서가 영업을 걱정하게 되고, 때로는 전사 인원이 영업을 몸소 해야 하는 등 폐해가 속출한다. 수주를 위해서는 운도 따라야 한다. **"준비가 기회를 만나는 것이 운이다."**이라고 오프라 윈프리는 말한 바 있다. 그러나 그 행운도 시도된 촌철 전략 중의 하나이다. 즉 운에 의한 성공도, 사전 전략을 통하여 얻어지는 것이다.

Epilogue.

감사의 글

안녕하세요, 저는 ㈜신성이엔지에서 25년차 직장인 윤홍준입니다.

저는 지독한 저성과자로 공장 마당을 청소하며 초년시절을 보냈습니다. 일근육이 허약하고 부족한 일솜씨로 중도포기의 고민도 많이 했습니다. 그런 제가 직장 생활을 지속하여 임원을 달 수 있었던 것은 제조의 관점에서 혁신을 리드하고 성과를 창출하는 방법을 몸소 체험했기 때문입니다. 혁신에 대한 열정과 행동으로 인해 부족하나마 공장장, 기획 팀장과 인사 그룹장 등 핵심보직을 수행할 수 있었습니다.

그렇지만 관리라는 저만의 안전지대를 벗어나고자 5년 전 영업에 과감히 뛰어들어 천신만고 끝에 200억의 관공 낙찰 등 수주성과를 창출하였습니다. 다양한 아이템과 직무 순환보직의 조합은, 제 자신의 커리어 향상과 함께 고민과 성찰, 절박함과 돌파능력 등 미래에 대한 선명한 시각을 보유하도록 이끌었습니다. 직장에서 순환되어 간 자리는 새롭게 개척해야 할 황무지였기에, 부족한 직무역량을 메우기 위해 몸부림친 결과로서 전문가로 성장할 수 있었습니다. 저는 현재 ㈜신성이엔지에서 재생에너지사업을 총괄하는 상무이사를 역임 중에 있으며, 경기도 에너지거버넌스 자문위원을 지내는 등 태양광사업의 전문가로 활동하고 있습니다.

본 서는 최인걸이라는 걸출한 인물이 로봇회사의 밑바닥부터 성장하여 등기임원(부사장)이 되는 픽션입니다. 제 직장경험 중 독특하고 재미나면서도 유익한 컨텐츠를 이야기로 풀었습니다. 좌충우돌하는 최인걸과 직장 선, 후배들이 만들어내는 희로애락을 독자들이 영화한 편 보듯이 편하게 감상하셨으면 합니다.

기본정보

성 명 : 윤홍준
나 이 : 50세(1970년생, 만 49세)
소 속 : ㈜신성이엔지 RE부문 사업관리실(www.shinsungeng.com)
직 책 : 상무이사
연 락 : 이메일(planner21c@naver.com)

학력사항

성균관대학교 산업공학과 박사수료
성균관대학교 산업공학과 석사졸업

경력사항: 신성그룹 25년차 직장인

2019 ~ 현재 신성이엔지(사업관리총괄 상무이사)
2016 ~ 2018 신성이엔지(기술영업이사)
2012 ~ 2015 신성이엔지(공장장, 인사그룹장)
1995 ~ 2011 신성이엔지(생산팀장, 기획팀장)

신성이엔지는 43년 업력을 가진 중견업체로서 FPD/반도체산업에 크린룸을
제공하는 CE부문과, 태양전지와 모듈제조 및 태양광발전사업을 진행하는
RE부문을 가진 코스피 상장업체입니다.(2017년 매출기준 1조기업)